2026 선재국어

이것만은 기억하자

논리 연습장 & 문법 독해

이선재·선재국어연구소 편저

논리는 연습이 필요해.

문법 독해
문법 개념을 익히면
독해가 쉬워져.

PART 1

이것만은 기억하자

논리

01 연역 논증과 귀납 논증

01 연역 논증

전제가 참일 때 결론이 필연적으로 참이 도출되는 논증

⦿ 사람은 죽는다.   전제 1
　소크라테스는 사람이다.   전제 2
　따라서 소크라테스는 죽는다. 결론: 전제가 참일 때 결론은 항상 참

02 귀납 논증

전제가 참이라고 해도 결론이 필연적으로 참으로 도출되지 못하는, 개연적 가능성이 있는 논증

⦿ 농장에서 평생을 보낸 칠면조는 다음과 같은 추론을 하였다.
　– 나의 주인은 지금까지 매일 정성껏 나에게 먹이를 주었다.
　– 그러므로 주인은 오늘도 나에게 정성껏 먹이를 줄 것이다.
　그러나 성탄절 전날, 주인은 지금까지와는 달리 칠면조에게 먹이를 주지 않고 칠면조를 죽이고 말았다.

연습 문제

01~03 다음 논증의 유형을 판단하시오.

01 지금까지 해가 서쪽에서 뜬 적은 없었다. 따라서 내일도 해는 서쪽에서 뜨지 않을 것이다.

02 우리 등산 동우회 회원은 모두 여덟 명이다. 따라서 우리 동우회 회원 중 같은 요일에 태어난 사람이 적어도 두 명은 있다.

03 철수는 바로 아래 동생 영수와 닮았고, 영수는 막내 길수와 닮았다. 따라서 철수가 길수와 닮았음은 당연하다.

02 명제의 기호화

01 명제의 기호화

논리 연결사	복합 명제	논리 기능	일상적 표현	기호화
∧	연언문	연언	A 그리고(그러나, 그런데, 그럼에도 불구하고, 또한) B	A ∧ B
∨	선언문	선언	A 이거나(또는, 혹은) B	A ∨ B
→	조건문	단순 함축	• 만약 A라면 B이다. • 단지 B인 경우에만 A이다.	A → B • A는 B이기 위한 충분조건이다. • B는 A이기 위한 필요조건이다.
≡	쌍조건문	단순 동치	만약 A라면 그리고 오직 그런 경우에만 B이다.	A ≡ B A는 B이기 위한 필요충분조건이다.
~	부정문	부정	• A는 거짓이다. • A는 사실이 아니다.	~A

연습 문제

01~05 다음 명제를 기호화하시오.

01 철수는 일행직 공무원이거나 소방직 공무원이다.

02 만약 철수가 성실한 수험생이라면, 철수는 시험에 합격할 것이다.

03 철수는 수험생이지만, 성실한 학생은 아니다.

04 국어 시험이 지나치게 어렵거나 쉽다는 것은 사실이 아니다.

05 우리가 환경을 생각한다면, 우리는 물을 마음껏 쓰지 않거나 대중교통을 이용해야 한다.

03 진리표의 이해

01 복합 명제의 진리표

단순 명제		복합 명제				
P	Q	P∧Q	P∨Q	P→Q	P≡Q	~P
T	T	T	T	T	T	F
T	F	F	T	F	F	F
F	T	F	T	T	F	T
F	F	F	F	T	T	T

02 복합 명제의 특성

연언문 p∧q	· 선후나 인과의 의미를 지니지 않음. · p와 q가 모두 참일 경우에만 연언문인 'p ∧ q'가 참임. ⊙ 철수는 결혼을 하고, 아이를 낳았다. (= 철수는 아이를 낳고, 결혼을 하였다.) A ∧ B B ∧ A

선언문
p∨q
	· 포괄적 선언 VS 배타적 선언
	· 포괄적 선언문은 p와 q 모두가 거짓일 때만 선언문인 'p ∨ q'가 거짓임.
	⊙ · 철수는 국어를 만점을 받았거나 영어를 만점을 받았다. (철수는 국어와 영어 모두 만점을 받았을 수도 있다.)
	   → 포괄적 선언
	  · 철수는 오후에 국어를 공부하거나 영어를 공부한다. (철수는 국어나 영어를 동시에 공부할 수는 없다.)
	   → 배타적 선언

조건문 p → q	· 명제 논리의 조건문은 단순 함축[material implication]의 기능을 지니고 있음. · 전건이 참이고 후건이 거짓이면, 그 명제는 거짓이라는 것을 나타낸다(조건문이 참일 경우, p가 참이면서 q가 거짓일 수는 없다.). · 전건인 p가 거짓인 경우는 후건인 q가 참이든 거짓이든 관계없이, 조건문은 항상 참이 됨.
쌍조건문 p ≡ q	· 두 조건문을 연언 형태로 연결한 단순 동치 관계, '(A → B) ∧ (B → A)'를 나타냄. · p와 q가 모두 참이거나 모두 거짓일 때, 즉 두 구성 요소의 진릿값이 같으면 쌍조건문 'p ≡ q'는 참이 됨.
부정문 ~p	· 단순 명제 p의 부정은 항상 p와 반댓값을 가짐. · p가 참일 때 ~p는 거짓이고, p가 거짓일 때 ~p는 참임.

연습 문제

01~04 빈칸에 '참, 거짓'을 쓰시오.

01 '선재는 강사이다.'가 참이고 '철수는 학생이다.'가 거짓이면,
'선재는 강사이고 철수는 학생이다.'는 _____ 이다.

02 '선재는 강사이다.'가 참이고 '철수는 학생이다.'가 거짓이면,
'선재는 강사이거나 철수는 학생이다.'는 _____ 이다.

03 '선재는 강사이다.'가 참이고 '철수는 학생이다.'가 거짓이면,
'선재가 강사이면 철수는 학생이다.'는 _____ 이다.

04 '선재는 강사이다.'가 거짓이고 '철수는 학생이다.'가 참이면,
'선재가 강사이면 철수는 학생이다.'는 _____ 이다.

05~10 빈칸에 '참, 거짓, 알 수 없음'을 쓰시오.

05 A의 진릿값을 알지 못하고 B가 참일 때, 'A ∨ B'는 _____ 이다.

06 A가 거짓이고 B도 거짓일 때, 'A → B'는 _____ 이다.

07 A가 참이고 B의 진릿값을 알지 못할 때, 'A ∧ B'는 _____ 이다.

08 A가 참이고 B는 거짓일 때, 'A → B'는 _____ 이다.

09 A의 진릿값을 알지 못하고 B가 거짓일 때, 'A → B'는 _____ 이다.

10 A가 참이고 B도 참일 때, 'A → ~B'는 _____ 이다.

04 필수 추론 규칙 12

정답과 해설 62쪽

01 전건 긍정식[modus ponens]

| p → q |
| p |
| ∴ q |

만약 비가 온다면, 땅이 젖을 것이다.
비가 온다. — 전건 긍정
∴ 땅이 젖을 것이다. — 결론: 타당함

주의! 후건 긍정의 오류: 후건을 긍정하여 전건 긍정의 결론을 도출하는 방식은 타당하지 않음.

02 후건 부정식[modus tollens]

| p → q |
| ~q |
| ∴ ~p |

만약 비가 온다면, 땅이 젖을 것이다.
땅이 젖지 않았다. — 후건 부정
∴ 비가 오지 않았을 것이다. — 결론: 타당함

주의! 전건 부정의 오류: 전건을 부정하여 후건 부정의 결론을 도출하는 방식은 타당하지 않음.

03 가언 삼단 논법[hypothetical syllogism]

| p → q |
| q → r |
| ∴ p → r |

만약 비가 온다면, 땅이 젖을 것이다.
만약 땅이 젖는다면, 길이 미끄러울 것이다.
∴ 만약 비가 온다면, 길이 미끄러울 것이다.

04 연언지 단순화[simplification]

| p ∧ q |
| ∴ p |

철수는 국어를 잘하고 영어를 잘한다.
∴ 철수는 국어를 잘한다. (철수는 영어를 잘한다.)

05 연언화[conjunction]

| p |
| q |
| ∴ p ∧ q |

철수는 국어를 잘한다.
철수는 영어를 잘한다.
∴ 철수는 국어를 잘하고, 영어를 잘한다.

06 선언 삼단 논법[disjunctive syllogism](선언지 제거법)

| p ∨ q |
| ~p |
| ∴ q |

오늘은 비가 오거나 눈이 올 것이다.
오늘은 비가 오지 않았다.
∴ 오늘은 눈이 올 것이다.

주의! 선언지 긍정의 오류: 논증에서 쓰이는 선언문은 포괄적 선언문이기 때문에, 선언지 중 하나를 긍정한다고 해서 나머지가 부정되지는 않음.

07 단순 양도 논법[dilemma]

| p ∨ q |
| p → r |
| q → r |
| ∴ r |

공무원 논리 시험은 쉽게 나오거나 어렵게 나올 것이다.
철수는 논리 시험이 쉽게 나와도 공부를 한다.
철수는 논리 시험이 어렵게 나와도 공부를 한다.
∴ 철수는 공부를 한다.

08 이중 부정[double negation]

| ~~p ≡ p |

철수가 공무원이 아니라는 것은 거짓이다.
≡ 철수는 공무원이다.

09 교환 법칙 [commutativity]

① (p ∧ q) ≡ (q ∧ p)	철수는 결혼을 하고, 아이를 낳았다. ≡ 철수는 아이를 낳고, 결혼을 하였다.
② (p ∨ q) ≡ (q ∨ p)	철수는 밥을 먹었거나 빵을 먹었다. ≡ 철수는 빵을 먹었거나 밥을 먹었다.

10 드모르간 법칙 [De Morgan's rule]

① ~(p ∧ q) ≡ ~p ∨ ~q	철수가 월요일과 화요일에 모두 쉰다는 것은 거짓이다. ≡ 철수는 월요일에 쉬지 않거나 화요일에 쉬지 않는다.
② ~(p ∨ q) ≡ ~p ∧ ~q	철수가 월요일 또는 화요일에 쉰다는 것은 거짓이다. ≡ 철수는 월요일에 쉬지 않고 화요일에도 쉬지 않는다.

11 대우 규칙 [transposition]

p → q ≡ ~q → ~p	비가 오면 땅이 젖는다. ≡ 땅이 젖지 않았다면 비가 오지 않았을 것이다.

12 단순 함축 [material implication] (조건문의 정의)

p → q ≡ ~(p ∧ ~q) ≡ ~p ∨ q	비가 오면 땅이 젖는다. ≡ 비가 오면서 땅이 젖지 않았다는 것은 거짓이다.

TIP 1. 'p → q ≡ ~(p ∧ ~q)'이므로, 여기에 다시 드모르간 법칙을 적용하면 '~p ∨ q'가 됨.
    2. 따라서 'p → q ≡ ~(p ∧ ~q) ≡ ~p ∨ q'가 성립함.

* **조건문과 연관된 동치 규칙**

1. **조건문이 참인 경우** = 전건이 참이면서 후건이 거짓인 경우는 없다.
   $A \rightarrow B \equiv \sim(A \wedge \sim B) \equiv \sim A \vee B$

2. **조건문이 거짓인 경우** = 전건이 참이면서 후건이 거짓인 경우이다.
   $\sim(A \rightarrow B) \equiv A \wedge \sim B$

연습 문제

01~05 전제가 참이라고 할 때, 다음 논증들의 타당성을 판별하시오.

01　　$A \rightarrow B$, B　/　따라서 A　　　　　　　　　　　　　　O | X

02　　$A \vee \sim B$, B　/　따라서 A　　　　　　　　　　　　　O | X

03　　$A \rightarrow B$, $A \vee C$, $\sim C$　/　따라서 B　　　　　　O | X

04　　$A \wedge B$, $B \rightarrow \sim C$　/　따라서 $A \wedge \sim C$　　　　O | X

05　　$\sim A \vee \sim B$, $C \rightarrow A$, $C \rightarrow B$　/　따라서 $\sim C$　　O | X

05 삼단 논법의 이해

01 정언 명제의 표준 형식

표준 형식		양/질
모든 s는 p이다.	All A are B.	전칭 긍정
모든 s는 p가 아니다.	No A is B.	전칭 부정
어떤 s는 p이다.	Some A are B.	특칭 긍정
어떤 s는 p가 아니다.	Some A are not B.	특칭 부정

(1) 모순 관계: 전칭 긍정 명제와 특칭 부정 명제, 전칭 부정 명제와 특칭 긍정 명제의 관계
① 명제 A가 참이면 B가 거짓이고, A가 거짓이면 B가 참이다.
② 동시에 참과 거짓이 안 된다. 참이면 거짓, 거짓이면 참인 관계이다.
　예 '모든 예술품은 진품이다.'가 참이면 → '어떤 예술품은 진품이 아니다.'는 항상 거짓이다.

(2) 반대 관계: 전칭 긍정 명제와 전칭 부정 명제의 관계
① 명제 A가 참이면 B가 거짓이지만, A가 거짓이면 B는 알 수 없다.
② 두 명제는 동시에 참일 수는 없지만, 동시에 거짓은 가능하다.
　예 '모든 예술품은 진품이다.'가 참이면 → '모든 예술품은 진품이 아니다.'는 항상 거짓이다.

(3) 함축 관계: 전칭 명제와 특칭 명제의 관계
① 명제 사이에서 'A가 참이면 B도 반드시 참'일 때, 'A가 B를 함축한다.'라고 한다.
② 전칭 명제의 참은 특칭 명제의 참을 함축하지만, 특칭 명제의 참은 전칭 명제의 참을 함축하지 않는다.
　예 '모든 예술품은 진품이다.'가 참이면 → '어떤 예술품은 진품이다.'는 항상 참이다.

02 정언 삼단 논법의 구성

(1) 정언 삼단 논법이란 대전제와 소전제에서 결론을 이끌어 내는 연역 논증의 유형이다.

(2) 정언 삼단 논법은 세 개의 정언 명제로 이루어져 있으며, 각기 다른 단어(개념) 세 개가 등장한다.

　예 어떤 공무원은 경찰이다.　　　　어떤 P는 M이다.
　　　　　　　매개념　　　　　　　　　　　매개념
　　모든 경찰은 애국자이다.　　　　모든 M은 S이다.
　　따라서 어떤 애국자는 공무원이다.　따라서 어떤 S는 P이다.
　　　　　　소개념　　대개념　　　　　　소개념　대개념

TIP 매개념[middle term]: 결론에 포함되지 않은 개념으로, 전제에서만 중복되어 나타남.

연습 문제

01~05 다음 삼단 논법의 타당성을 평가하시오.

01 어떤 공무원은 경찰이다. 모든 애국자는 공무원이다. 그러므로 어떤 애국자는 경찰이다. [타당 | 부당]

02 모든 토끼는 포유동물이다. 모든 토끼는 초식 동물이다. 그러므로 모든 초식 동물은 토끼이다. [타당 | 부당]

03 영어 성적이 좋은 학생은 모두 국어 성적이 좋은 학생이다. 그러나 영어 성적이 좋은 학생 가운데는 수학 성적이 좋지 않은 학생도 있다. 따라서 국어 성적이 좋은 학생 가운데는 수학 성적이 좋지 않은 학생도 있다. [타당 | 부당]

04 철수가 본 책은 모두 영희가 보지 않은 책이지만, 민수가 본 책 가운데는 영희가 본 책이 있다. 따라서 민수가 본 책 가운데 철수가 보지 않은 책이 있다. [타당 | 부당]

05 모든 소설가는 작가이다. 어떤 작가는 화가가 아니다. 그러므로 어떤 화가는 소설가이다. [타당 | 부당]

술어 논리의 기호화

01 '모든(전칭)'의 기호화

'S는 모두 P이다.'라는 문장은 '만약 S라면 그것이 무엇이든 모두 P이다.'라는 것을 의미한다.
따라서 이것은 '(∀) Sx → Px'로 기호화할 수 있다.

* 다양한 형태의 보편 일반화를 기호화하기

문장	기호화	수험적 기호화
S는 모두 P이다.	(∀) Sx → Px	국어를 좋아하는 사람은 모두 영어를 좋아한다. 예 국어 → 영어
S는 모두 P가 아니다.	(∀) Sx → ~Px	국어를 좋아하는 사람은 모두 영어를 좋아하지 않는다. 예 국어 → ~영어
S이면서 P인 것은 모두 R이다.	(∀) (Sx ∧ Px) → Rx	국어를 좋아하면서 영어를 좋아하는 사람은 모두 국사를 잘한다. 예 (국어 ∧ 영어) → 국사
S이거나 P인 것은 모두 R이다.	(∀) (Sx ∨ Px) → Rx	국어를 좋아하거나 영어를 좋아하는 사람은 모두 국사를 잘한다. 예 (국어 ∨ 영어) → 국사

02 '어떤(특칭)'의 기호화

'S이면서 P인 것이 있다.'라는 주장은 x의 자리에 어떤 한 사람을 넣었을 때, 적어도 하나는 성립한다는 것을 의미한다.
따라서 이것은 '(∃) Sx ∧ Px'로 나타낼 수 있다.

* 다양한 형태의 존재 일반화를 기호화하기

문장	기호화	수험적 기호화
· 어떤 S는 P이다. · S이면서 P인 것이 있다.	(∃) Sx ∧ Px	철수는 국어를 좋아하고 영어도 좋아한다. 예 국어a ∧ 영어a
S이면서 P가 아닌 것이 있다.	(∃) Sx ∧ ~Px	국어를 좋아하면서 영어는 좋아하지 않는 사람이 있다. 예 국어a ∧ ~영어a

연습 문제

01~05 다음에 제시된 추론의 타당성을 평가하시오.

01 아침에 일찍 일어나는 모든 학생은 지각하지 않는다. 늦게 자는 모든 학생은 아침에 일찍 일어나지 않는다. 따라서 늦게 자는 모든 학생은 지각한다. [타당 | 부당]

02 실업 급여의 수혜자는 모두 고용 보험에 가입한다. 어떤 근로자는 고용 보험 가입자가 아니다. 그러므로 어떤 근로자는 실업 급여의 수혜자가 아니다. [타당 | 부당]

03 식구가 적은 어떤 집은 집안 행사가 많지 않다. A동의 어떤 집은 식구가 적은 집이다. 따라서 A동의 어떤 집은 집안 행사가 많지 않다. [타당 | 부당]

04 모든 정책 입안자는 사회 제도에 대해 구체적으로 분석하는 자들이다. 사회 제도에 대해 구체적으로 분석하는 어떤 자들은 과학자가 아니다. 그래서 어떤 과학자는 정책 입안자가 아니다. [타당 | 부당]

05 어떤 택시 운전사도 과속으로 적발되지 않는다. 과속으로 적발된 어떤 사람은 과태료를 낸다. 따라서 과태료를 내는 어떤 사람은 택시 운전사가 아니다. [타당 | 부당]

07 배타적 선언과 귀류법

01 배타적 선언 문제 접근법

배타적 선언문이란 선언 기호 앞뒤의 명제가 모두 참이 되는 경우를 배제하는 선언문을 말한다.
배타적 선언문은 동시에 참이 되는 경우가 없으므로 경우의 수 등을 묻는 형태의 문제로 출제될 수 있다.

(1) 전제의 진술
- A이거나 B를 선택한다. 그러나 A와 B를 동시에 선택하지는 않는다.
- A와 B 가운데 정확히 하나를 뽑는다.

$$(A \lor B) \land \sim(A \land B)$$

(2) 상황의 판단
- (식사를 마친 뒤) 후식으로 커피를 드시겠어요, 아니면 차를 드시겠어요?
- 기차가 1번 선로나 5번 선로로 들어올 예정입니다.
- 이 버스는 서울역이나 김포공항역 중에서 한 곳에서만 정차합니다.

02 귀류법의 활용

(1) 귀류법이란 결론을 확립하기 위해서 그것의 부정을 가정한 뒤, 이로부터 모순을 이끌어 냄으로써 간접적으로 그 결론을 확립하는 추론 방법이다.

(2) 확정적 진술이나 좋은 정보를 선별하여 우선 적용하기 힘든 경우에 주로 사용된다.

* 결론 ~X를 증명하기 위해
① X를 참이라고 가정한 뒤 모순을 도출
② 가정된 X는 거짓이므로
③ 결론 ~X는 참임.

연습 문제

01~04 다음에 제시된 추론의 타당성을 평가하시오.

01 민수는 그림도 좋아하고 조각도 좋아한다는 것은 사실이 아니다. 그러나 민수는 그림을 좋아하거나 조각을 좋아한다. 그러므로 민수가 그림을 좋아하지 않으면 민수는 조각을 좋아하고, 민수가 조각을 좋아하면 민수는 그림을 좋아하지 않는다.

타당 | 부당

02 플라스틱이면서 재활용품인 물건은 모두 친환경 제품이다. 모든 재활용품은 친환경 제품이 아니다. 그러므로 플라스틱이면서 재활용품인 물건은 없다.

타당 | 부당

03 병이 국어 시험을 봤다면, 갑도 국어 시험을 봤다. 병이 국어 시험을 보지 않았다면, 을은 국어 시험을 봤다. 을이 국어 시험을 봤다면, 병도 국어 시험을 봤다. 따라서 갑은 국어 시험을 봤지만, 병은 국어 시험을 보지 않았을 것이다.

타당 | 부당

04 피자를 먹으면 치킨도 먹는다. 햄버거나 피자를 먹지만, 햄버거와 피자를 모두 먹지는 않는다. 치킨은 먹지 않는다. 그러므로 햄버거를 먹는다.

타당 | 부당

충분조건 · 필요조건 · 필요충분조건

01 조건문의 의미

논리학에서 조건문은 단순 함축의 기능을 한다. 즉 조건문은 '반드시'라는 의미만 가지고 있지, 일상적인 조건의 의미를 담고 있지 않다.

02 충분조건

p가 발생할 때마다 q가 발생한다. $p \rightarrow q$

비가 오면 땅이 젖는다. p → q	· p가 존재하면 반드시 q가 존재한다. · p는 q이기 위한 충분조건이다. · p라는 전제하에 q도 성립한다.

03 필요조건

필요조건인 q의 발생 없이 p가 발생하지 않는다. $\sim q \rightarrow \sim p \equiv p \rightarrow q$

땅이 젖지 않으면 비가 오지 않았다. $\sim q$ → $\sim p$	· q가 존재하지 않으면 p도 존재하지 않는다. · q는 p이기 위한 {필요조건/필수적 요건}이다. · p이기 위해서는 q이어야만 한다. · q이어야만 p이다. · 오직 q인 경우에만 p가 성립한다.

04 필요충분조건

p가 발생할 때마다 q가 발생하며, p의 발생 없이 q가 발생하지 않는다.
$(p \rightarrow q) \wedge (\sim p \rightarrow \sim q) \equiv (p \rightarrow q) \wedge (q \rightarrow p)$

수요는 공급의 필요충분조건이다.
 	
수요가 있으면 공급이 있고
  $p \rightarrow q$
수요가 없으면 공급도 없다.
  $\sim p \rightarrow \sim q \equiv q \rightarrow p$
	p이면 q이고 q이면 p이다.

연습 문제

01~05 빈칸에 충분조건, 필요조건, 필요충분조건 중 알맞은 말을 넣으시오.

01 소비 심리가 위축되는 것을 막으려면 앞으로 우리 경제가 양극화 없이 지속적으로 성장할 수 있는 신성장 전략을 제시해야 한다. 따라서 소비 심리의 위축을 막는 것은 신성장 전략을 제시하기 위한 _____ 이다.

02 산소만 있었다고 해서 화재가 발생할 수 있는 것은 아니지만, 산소가 없었다면 화재가 발생하지 않았을 것이라는 점에서 화재가 발생했을 때 산소가 있었음은 그 화재 발생의 _____ 이다.

03 '세 각의 크기가 각각 60도이다.'는 '정삼각형이다.'의 _____ 이다. 왜냐하면 세 각이 모두 60도이면 정삼각형이고, 세 각이 모두 60도가 아니면 정삼각형일 수 없기 때문이다.

04 인간 존엄성의 조건으로는 안전, 자유, 평화가 있다. 삶 속에서 안전이 확보되지 못한 상황에서는 인간 존엄성을 논할 수 없다. 또한 인간은 자유를 성취하고 동시에 평화를 실현할 때 비로소 인간 존엄성을 실현할 수 있다. 따라서 안전은 인간 존엄성의 ① _____ 이고, 자유와 평화는 인간 존엄성의 ② _____ 이다.

05 기원전 5세기경 손무(孫武)가 저술한 《손자병법》은 군사 운용의 기본적인 원리에서부터 실전에 적용 가능한 전략·전술들을 총망라하고 있다. 이에 따르면, 정보를 가지고 있다고 전쟁에서 반드시 이길 수는 없지만 정보는 전쟁에서 이기기 위한 핵심적인 조건이다. 즉 정보는 전쟁에 승리하기 위한 ① _____ 이 아니라 ② _____ 이다.

09 생략된 전제 찾기

01 명제 논리의 생략된 전제 찾기

갑: 설명회는 다음 달 셋째 주 목요일이나 넷째 주 목요일에 개최해야 합니다.

을: 설명회를 _____.

병: 설명회를 다음 달 셋째 주 목요일에 개최하면, 홍보 포스터 제작을 이번 주 안에 완료해야 합니다.

정: 여러분의 의견대로 하자면, 반드시 이번 주 안에 홍보 포스터 제작을 완료해야 하겠군요.

* 결론을 확보하기 위해, 논증 과정을 거꾸로 추론해야 함.
1. 결론과 일치하는 항을 찾는다.
2. 결론 항이 조건문의 후건에 있으면 전건을 확보한다.
3. 결론 항이 선언문에 있다면 선언지 제거법을 활용한다.
4. 생략된 전제를 추론 과정에 넣어 결론이 도출되는지 확인한다.

02 술어 논리의 생략된 전제 찾기

1. 문학을 좋아하는 사람은 모두 자연의 아름다움을 좋아하는 사람이다.
2. 자연의 아름다움을 좋아하는 어떤 사람은 예술을 좋아하는 사람이다.
_____.

따라서 예술을 좋아하는 어떤 사람은 문학을 좋아하는 사람이다.

* 결론을 도출하기 위해, 전칭과 특칭의 관계를 확인해야 함.
1. 결론이 전칭이면, 전제는 모두 전칭 명제임.
2. 결론이 특칭이면, 전제 중 하나는 특칭 명제임.
3. 특칭 명제를 연언문으로 기호화한 뒤, 연언지 단순화를 사용함.
4. 연언지 중 하나가 조건문의 전건에 있는지 확인함.

TIP 추론 과정에서 좋은 정보란 무엇인가 → 경우의 수가 적은 정보

① **부정문:** p는 참이면 ⟶ ~p는 거짓이다

② **연언문:** p ∧ q가 참이면 ⟶ 좋은 정보 ○
   p ∧ q가 거짓이면 ⟶ 경우의 수가 셋, 좋은 정보 ✕

③ **선언문:** p ∨ q가 거짓이면 ⟶ 좋은 정보 ○
   p ∨ q가 참이면 ⟶ 경우의 수가 셋, 좋은 정보 ✕

④ **조건문:** p → q가 거짓이면 ⟶ 좋은 정보 ○
   p → q가 참이면 ⟶ 경우의 수가 셋, 좋은 정보 ✕

연습 문제

01~07 다음 추론 과정에서 생략된 전제를 찾으시오.

01 A ∧ ~B

∴ C ∧ A

02
A → B
∴ A → C

03 A → B

∴ C → ~A

04 ~C → ~B

∴ A → C

05
~C → B
∴ C ∧ A

06 ~(A → B)

∴ C ∧ ~B

07 A → ~B
B ∧ C

∴ A → ~C

10 논리의 오류

01 주요 오류의 유형

유형	예문
전건 부정의 오류	연기가 나는 곳에는(전건) 불이 있다(후건). 그 지하실에서는 연기가 나지 않았다. **- 전건 부정** → 그러므로 그 지하실에는 불이 없다.: 후건 부정의 결론 도출 **→ 오류**
후건 긍정의 오류	비가 오면(전건) 땅이 젖는다(후건). 땅이 젖었다. **- 후건 긍정** → 그러므로 비가 왔다.: 전건 긍정의 결론 도출 **→ 오류**
선언지 긍정의 오류	그녀는 미인이든지 현명한 여인이다. 그녀는 미인이다. → 그러므로 그녀는 현명한 여인이 아니다. **→ 오류** * 이 논리의 '든지'는 배타적인 의미가 아니라 포괄적인 의미이다. 그녀는 미인이면서 현명한 여인일 수 있으므로 잘못된 결론이다.
성급한 일반화의 오류	하나를 보면 열을 안다고 했어. 이번에 한 네 실수를 보니, 넌 정말 신용할 수 없구나.
우연의 오류	거짓말을 하는 것은 죄악이다. 그러니 의사가 환자의 정신적 안정을 위해 환자에게 거짓말을 하는 것도 당연히 죄악이다.
잘못된 인과 관계의 오류	난 이번 시험을 잘 보기 위해 손톱을 깎지 않았어. 왜냐하면 손톱을 깎으면 시험 성적이 안 좋거든.
합성(결합)의 오류	5와 7은 홀수이다. 12는 5와 7의 합이다. 따라서 12는 홀수이다.
분할(분해)의 오류	물은 액체이다. 물은 수소와 산소로 구성되어 있다. 따라서 수소와 산소는 액체이다.
흑백 사고의 오류	현대 사회는 경쟁 사회이다. 그러므로 내가 살아남기 위해서는 남을 쓰러뜨려 경쟁에서 승리해야 한다.
무지에 호소하는 오류	당신은 이 범죄와 관련이 없다는 것을 증명하지 못했다. 그러므로 당신이 바로 범인이다.
순환 논증의 오류 (선결 문제 요구의 오류)	신은 존재한다. 왜냐하면 성경에 쓰여 있기 때문이다. 성경에 쓰여 있는 것은 모두 진리라고 신이 말했기 때문에 우리는 이를 믿어야 한다.
대중(다수)에 호소하는 오류	이 영화는 정말 훌륭해. 관객이 천만 명을 넘었으니까 말이야.
부적합한 권위에 호소하는 오류	이 세탁기는 정말 좋은 제품이야. 왜냐하면 어제 연예인 홍길동이 그렇게 말했거든.

연습 문제

01~06 다음에 제시된 오류의 명칭을 쓰시오.

01 지금 서른 분 가운데 열 분이 손을 들어 반대하셨습니다. 손을 안 드신 분은 모두 제 의견에 찬성하는 것으로 알겠습니다.

→ _____

02 다른 운전자에 대한 예의를 지키는 것은 운전의 기본이다. 따라서 응급 환자를 이송하는 구급차의 운전자도 다른 차량의 운전자를 배려하여 규정 속도 이하로 안전한 거리를 유지하며 주행해야 한다.

→ _____

03 국민의 67%가 사형 제도에 찬성했다. 그러므로 사형 제도는 정당하다.

→ _____

04 삼촌은 우리를 놀이공원에 데리고 간다고 약속했다. 삼촌이 이 약속을 지킨다면, 우리는 놀이공원에 갈 것이다. 우리는 놀이공원에 갔다. 따라서 삼촌이 이 약속을 지킨 것은 확실하다.

→ _____

05 A 마트에서 산 사과가 맛이 없었다. 그러니 A 마트에서 파는 과일은 모두 맛이 없을 것이다.

→ _____

06 중간고사를 보는 날 아침에 머리를 감았는데 그날 시험을 망쳤다. 그러니 기말고사를 망치지 않으려면 시험을 보는 날 아침에 머리를 감으면 안 된다.

→ _____

실전 문제

01 다음 중 옳지 않은 논증을 펼치는 사람을 모두 고르면?

> 갑: 컴퓨터 자격증이 없는 지원자는 모두 합격하지 못해. 그런데 25세 이하의 지원자는 모두 컴퓨터 자격증이 없거든. 그러므로 합격한 지원자는 모두 25세 이하가 아니야.
>
> 을: 사유할 수 있는 모든 존재는 행위를 할 수 있어. 그러나 행위를 할 수 없는 존재라면 자유 의지를 갖지 못해. 따라서 사유할 수 있는 존재라면 자유 의지를 가지고 있을 거야.
>
> 병: 감수성이 예민한 사람은 모두 눈물이 많아. 그런데 운동선수는 모두 감수성이 예민하지 않아. 그렇다면 운동선수는 모두 눈물도 많지 않겠지.

① 갑　　　　　　　　　　② 을
③ 갑, 병　　　　　　　　 ④ 을, 병

02 다음 대화의 ㉠에 들어갈 말로 가장 적절한 것은?

> 철수: 도일이가 말한 사실이 정확하다면, 미란이는 용의자가 아니야.
> 영희: 그래, 하지만 ㉠ 것은 확실해.
> 철수: 그렇지. 그러니까 결국 도일이가 말한 사실이 정확하다면, 장미는 용의자야.

① 미란이가 용의자이거나 장미가 용의자인
② 장미가 용의자이면, 미란이가 용의자가 아닌
③ 미란이가 용의자가 아니거나 장미가 용의자가 아닌
④ 장미가 용의자이면, 미란이도 용의자인

03 동창회와 관련하여 다음과 같은 사실이 알려졌다. 이 사실이 참일 때, 동창회에 오는 사람은?

> - 만일 갑이 동창회에 온다면 을도 동창회에 온다.
> - 갑이 동창회에 오거나 병이 동창회에 온다.
> - 만일 정이 동창회에 오지 않으면, 병도 오지 않는다.
> - 을은 동창회에 오지 않는다.

① 병
② 갑, 정
③ 병, 정
④ 갑, 병, 정

04 다음 진술이 모두 참일 때, 반드시 참이라고 할 수 없는 것은?

> - 포도 수확량이 늘어나면, 포도 가격이 내려간다.
> - 포도 소비량이 늘어나면, 포도 수확량이 늘어난다.
> - 포도 수확량이 늘어나지 않으면, 와인 가격이 내려가지 않는다.

① 와인 가격이 내려가면, 포도 가격이 내려간다.
② 포도 가격이 내려가지 않으면, 와인 가격이 내려가지 않는다.
③ 포도 소비량이 늘어나지 않으면, 와인 가격이 내려가지 않는다.
④ 포도 수확량이 늘어나지 않으면, 포도 소비량이 늘어나지 않는다.

05 다음 글의 내용이 참일 때, ㉠에 들어갈 말로 가장 적절한 것은?

> 실험 결과, SNS 이용 시간이 긴 대상자는 모두 스트레스 수치가 높았다. 또한 운동을 즐겨 하지 않는 대상자는 모두 SNS 이용 시간이 길었다. 그리고 ㉠ 는 사실이 발견됐다. 따라서 운동을 즐겨 하는 대상자가 있다는 결론이 나왔다.

① 스트레스 수치가 높은 대상자는 모두 SNS 이용 시간이 길었다
② 스트레스 수치가 높지 않은 대상자가 있다
③ SNS 이용 시간이 긴 대상자가 있다
④ SNS 이용 시간이 긴 대상자는 모두 운동을 즐겨 하지 않았다

06 다음 글의 밑줄 친 결론을 이끌어 내기 위해 추가해야 할 것은?

> 등산을 좋아하는 어떤 사람은 축구를 좋아하는 사람이다. 테니스를 좋아하는 사람은 모두 등산을 좋아하는 사람이다. 따라서 테니스를 좋아하는 어떤 사람은 축구를 좋아하는 사람이다.

① 테니스를 좋아하는 어떤 사람은 등산을 좋아하는 사람이다.
② 축구를 좋아하는 어떤 사람은 등산을 좋아하는 사람이다.
③ 등산을 좋아하는 사람은 모두 테니스를 좋아하는 사람이다.
④ 테니스를 좋아하지 않는 사람은 모두 등산을 좋아하는 사람이다.

07 다음 글의 내용이 참일 때, '결정적 정보'에 해당하는 것은?

> • 갑과 병 가운데 적어도 한 사람의 증언은 참이다.
> • 을과 정 가운데 적어도 한 사람의 증언은 참이다.
> • 병의 증언이 참이면, 정의 증언은 참이 아니다.
>
> 이때, '결정적 정보'가 추가된다면 '갑의 증언은 참이다.'라는 사실이 확실해진다.

① 병의 증언은 참이다.
② 을의 증언은 참이 아니다.
③ 정의 증언은 참이 아니다.
④ 정의 증언이 참이면, 을의 증언도 참이다.

08 영희는 여행을 가기 위해 배, 비행기, 기차, 버스 중에서 이용할 교통수단을 정하려고 한다. 다음과 같은 조건에 따를 때, 영희가 이용할 교통수단의 수는?

> • 배는 반드시 탄다.
> • 버스나 기차를 타지만, 버스와 기차 둘 다 타는 것은 아니다.
> • 비행기를 타지 않으면, 배와 기차 둘 다 타지 않는다.

① 1개　　　　　　　　　　② 2개
③ 3개　　　　　　　　　　④ 4개

09 다음은 선재 상점의 새벽 배송 정보이다. 빈칸에 들어가야 할 정보는?

> 선재 상점: 콜라비가 배송되지 않는 날 중에 브로콜리가 배송되는 날이 있습니다. 아스파라거스가 배송되는 모든 날에는 콜라비가 배송되지 않습니다. 그리고 _____.
> 고객: 그렇다면 아스파라거스가 배송되는 날 중에 브로콜리가 배송되는 날이 있겠네요.

① 브로콜리가 배송되는 날은 모두 아스파라거스가 배송되지 않는 날입니다
② 콜라비가 배송되지 않는 날에는 모두 아스파라거스가 배송됩니다
③ 아스파라거스가 배송되지 않는 날에 브로콜리는 모두 배송됩니다
④ 아스파라거스가 배송되는 어떤 날은 콜라비가 배송되지 않습니다

10 다음 글이 참일 때, 반드시 참인 것을 고르면?

> 이번 체육 대회 경기의 종목은 축구, 농구, 테니스, 배드민턴 중에 정해진다. 이에 관해 다음과 같은 사실이 밝혀졌다.
>
> • 축구가 포함되면 배드민턴도 포함된다.
> • 배드민턴이 포함되면 테니스도 포함된다.
> • 축구가 포함되지 않으면 농구는 포함된다.
> • 농구가 포함되면, 축구가 포함되고 테니스는 포함되지 않는다.

① 포함된 종목은 축구와 농구뿐이다.
② 포함되지 않는 종목은 농구뿐이다.
③ 포함된 종목은 배드민턴과 테니스뿐이다.
④ 포함되지 않는 종목은 축구와 배드민턴뿐이다.

11 ㉠와 ㉡를 전제로 결론을 이끌어 낼 때, 빈칸에 들어갈 말로 가장 적절한 것은?

> ㉠ 색맹인 어떤 사람은 그림을 잘 그린다.
> ㉡ 그림을 잘 그리는 사람은 모두 상상력이 풍부하다.
> 따라서 _____.

① 색맹인 사람은 모두 상상력이 풍부하다
② 상상력이 풍부한 어떤 사람은 색맹이다
③ 색맹인 어떤 사람은 상상력이 풍부하지 않다
④ 상상력이 풍부한 사람은 모두 그림을 잘 그린다

12 다음 중 옳지 않은 진술은?

① 오직 키가 큰 사람만이 패션모델이 될 수 있다. 따라서 큰 키는 패션모델이 되기 위한 필요조건이다.
② 시민권이 없다면 투표할 수 없지만, 투표할 수 있다면 시민권이 있는 것이다. 그러므로 시민권은 투표하기 위한 필요충분조건이다.
③ 열의 이동은 열의 동력을 얻기 위해 필요한 조건이지 충분한 조건이 아니다. 그러므로 열의 이동이 없다면 열의 동력도 얻을 수 없다.
④ 깨끗한 물이 좋은 물의 필요조건이라면, 건강한 물은 좋은 물의 충분조건이다. 따라서 건강한 물이라면 깨끗한 물이다.

13 ㉠와 ㉡를 전제로 할 때, 빈칸에 들어갈 결론으로 가장 적절한 것은?

> ㉠ 음악에 뛰어난 소질을 보이는 사람은 모두 그림에 뛰어난 소질을 보이는 사람이 아니다.
> ㉡ 수학에 뛰어난 소질을 보이는 어떤 사람은 음악에 뛰어난 소질을 보이는 사람이다.
> 따라서 _____.

① 음악에 뛰어난 소질을 보이는 사람은 모두 수학에 뛰어난 소질을 보인다
② 수학에 뛰어난 소질을 보이는 어떤 사람은 음악에 뛰어난 소질을 보이는 사람이 아니다
③ 수학에 뛰어난 소질을 보이는 어떤 사람은 그림에 뛰어난 소질을 보이는 사람이 아니다
④ 그림에 뛰어난 소질을 보이는 사람은 모두 수학에 뛰어난 소질을 보이는 사람이 아니다

14 빛나 아파트는 4층으로 이루어져 있다. 현재 이 아파트에는 지우, 민우, 현우, 철우 이렇게 4명의 입주민이 각 층에 1명씩만 거주하고 있다. ㉠~㉣이 참일 때, 반드시 참인 것은?

> ㉠ 지우가 4층에 살거나 현우가 3층에 산다.
> ㉡ 민우가 1층에 살지 않으면, 철우가 2층에 산다.
> ㉢ 민우가 1층에 살면, 지우는 4층에 살지 않는다.
> ㉣ 철우는 2층에 살지 않는다.

① 민우는 지우보다 위층에 산다.
② 현우는 지우보다 아래층에 산다.
③ 현우는 철우보다 위층에 살고 있지 않다.
④ 지우는 철우보다 아래층에 살고 있지 않다.

15 새로 발표된 정책에 대해 갑, 을, 병, 정, 무는 찬성이나 반대 중 한 의견을 제시하였다. 이들의 찬반 의견이 다음과 같을 때, 이들 중 찬성한 사람의 수는?

> • 만약 갑이 반대하면, 을은 찬성한다.
> • 을이 반대하면, 정이나 무 중 한 명만 찬성한다.
> • 갑이나 무가 찬성하면, 병도 찬성한다.
> • 을은 반대한다.

① 1명　　　　　　　　② 2명
③ 3명　　　　　　　　④ 4명

16 다음 글의 내용이 참일 때, 반드시 참인 것은?

> 겨울을 좋아하는 어떤 사람은 여름을 좋아한다. 가을을 좋아하지 않는 사람은 아무도 봄을 좋아하지 않는다. 여름을 좋아하는 모든 사람은 봄을 좋아한다.

① 여름을 좋아하는 사람은 모두 겨울을 좋아한다.
② 가을을 좋아하는 사람은 모두 여름을 좋아한다.
③ 겨울을 좋아하는 어떤 사람은 가을을 좋아한다.
④ 겨울을 좋아하지 않는 어떤 사람은 봄을 좋아하지 않는다.

17 다음 글의 밑줄 친 결론을 이끌어 내기 위해 추가해야 할 전제는?

> 이번 연구에서는 질문지 조사 방법과 면접 조사 방법 중 적어도 하나가 선택된다. 면접 조사 방법이 선택된다면, 박 교수가 연구에 참여한다. 만일 박 교수가 연구에 참여하면, 박 교수는 학과장이 되지 못한다. 그러므로 박 교수는 학과장이 되지 못할 것이다.

① 강 교수가 연구에 참여한다.
② 면접 조사 방법이 선택되지 않는다.
③ 질문지 조사 방법이 선택되지 않는다.
④ 질문지 조사 방법이 선택되면, 박 교수가 연구에 참여하지 않는다.

18 선생님과 학생의 진술은 모두 사실이다. 다음 대화를 보고 ㉠에 들어갈 말로 가장 적절한 것은?

> 선생님: 종이가 붉은색으로 변하지 않았다면, A 용액을 떨어뜨린 게 아니야. B 용액을 떨어뜨렸다면, 종이에서 연기가 났을 거야. 어제 실험에서는 A와 B 용액 중 적어도 하나를 떨어뜨렸어.
> 학생: 잠시만요, 어제는 ㉠ 는 게 기억나요.
> 선생님: 맞아. 그렇다면 종이는 붉은색으로 변했겠네.

① 종이에서 연기가 났다
② B 용액을 떨어뜨렸다
③ 종이에서 연기가 나지 않았다
④ A 용액을 떨어뜨리지 않았다

19 다음 결론을 도출하기 위해 전제 2에 들어갈 내용으로 가장 적절한 것은?

전제 1. 어떤 매니저는 신입 사원이 아니다.
전제 2. _____.
결론. 어떤 20대는 신입 사원이 아니다.

① 어떤 매니저는 20대이다
② 20대는 모두 신입 사원이 아니다
③ 매니저는 모두 20대이다
④ 어떤 매니저는 20대가 아니다

20 A반 학생들의 수강 신청 내역은 다음과 같다. 이때 반드시 참인 것은?

> 듣기를 신청한 학생 중 몇 명은 말하기를 신청하였고, 쓰기를 신청하지 않은 학생은 아무도 말하기를 신청하지 않았다.

① 듣기를 신청한 학생 중 몇 명은 쓰기를 신청하였다.
② 말하기를 신청한 모든 학생은 듣기를 신청하였다.
③ 쓰기를 신청하지 않은 학생 중 몇 명은 듣기를 신청하지 않았다.
④ 말하기를 신청하지 않은 학생은 모두 쓰기를 신청하지 않았다.

PART 2

이것만은 기억하자

독해를 위한
문법 개념

01 언어의 기호적 특성

최우선 개념 01 자의성, 사회성, 역사성, 분절성, 추상성

기호 = 형식/내용   언어 기호 = 음성/의미 = [bap]/밥

1. 음성과 의미 중 하나가 변하면 →
2. 사회적 약속으로 고정되면 →
3. 시간이 흘러 변하면 →
4. 연속된 것을 끊어서 표현하면 →
5. 길이가 끝이 없거나 존재하지 않는 사물이나 추상적 개념을 표현하면 →
6. 공통점을 찾아 하나의 개념으로 묶어 주면 →

01 '종이가 찢어졌어.'라는 말을 배운 아이가 '책이 찢어졌어.'라는 새로운 문장을 만들어 내는 것은 언어의 창조성과 관련이 있다. ○ | ✕

02 표준어로 '부추'에 상응하는 표현이 지역에 따라 달리 나타나는 현상에서 언어의 자의성을 엿볼 수 있다. ○ | ✕

03 '무궁화, 진달래, 개나리' 등을 '꽃'이라고 부르는 것은 언어의 추상성과 관련이 있다. ○ | ✕

실전 다음 글에서 추론한 내용으로 가장 적절한 것은? 2025 국가직 9급

> 언어에는 중요한 몇 가지 특징이 있다. 첫째, 언어의 형식인 말소리와 언어의 내용인 의미 간에는 필연적 관계가 없다. 이를 언어의 '자의성'이라 한다. 즉 어떤 내용을 나타내는 형식은 약속으로 정할 뿐이라는 것이다. 둘째, 언어에서 형식과 내용의 관계에 대한 사회적 약속은 한번 정해지면 개인이 쉽게 바꿀 수가 없다. 이를 언어의 '사회성'이라 한다. 셋째, 언어는 시간의 흐름에 따라 사회 구성원이 바뀌면서 끊임없이 변화한다. 이를 언어의 '역사성'이라 한다. 넷째, 하나의 언어 형식은 수많은 구체적 대상이 가진 공통적인 속성을 개념화하여 표현한 것이다. 예컨대 우리는 세상에 존재하는 여러 책상들의 공통적 속성을 추출하여 하나의 언어 형식인 '책상'으로 표현한다. 이를 언어의 '추상성'이라 한다.

① 같은 언어 안에도 다양한 방언 형태가 존재한다는 것은 언어의 자의성을 보여 주는 사례이다.
② 가족과 대화할 때는 직장 동료와 대화할 때와 다른 표현을 사용한다는 것은 언어의 사회성을 보여 주는 사례이다.
③ 유명인이 개인적으로 사용한 유행어가 시간이 지나도 표준어로 인정되지 않는다는 것은 언어의 역사성을 보여 주는 사례이다.
④ 새로운 줄임말이 끊임없이 만들어지고 있다는 것은 언어의 추상성을 보여 주는 사례이다.

02 국어의 음운 체계

최우선 개념 02 — 음운, 최소 대립쌍, 파열음, 마찰음, 파찰음, 비음, 유음

1. 최소 대립쌍

한 언어 내에서의 음운은 그 수효가 한정되어 있다. 다른 두 소리가 있을 때 이 둘이 별개의 음운인지 아닌지를 판단할 때에는 그 두 음성에 의해서만 뜻이 구별되는 단어의 쌍, 즉 최소 대립쌍[minimal pair]이 존재하는지를 살펴야 한다. '말[馬] – 발[足]'은 자음의 차이에 의한 최소 대립쌍의 예이고 '돌[石] – 둘[二]'은 모음의 차이에 의한 최소 대립쌍의 예이다. 이와 같이 최소 대립쌍을 성립하게 하는 말소리들은 모두 별개의 음운에 속한다.

2. 자음: 목 안 또는 입안에서 장애를 받고 나오는 소리

자음을 발음할 때 소리 나는 위치를 조음 위치라 하고, 소리 내는 방법을 조음 방법이라 하는데, 자음은 조음 위치와 조음 방법에 따라 분류할 수 있다.

먼저 조음 위치에 따라 자음을 분류하면, 두 입술 사이에서 나는 소리인 입술소리에는 'ㅂ, ㅃ, ㅍ, ㅁ'이, 혀끝과 윗잇몸이 닿아서 나는 소리인 잇몸소리에는 'ㄷ, ㄸ, ㅌ, ㅅ, ㅆ, ㄴ, ㄹ'이, 혓바닥과 센입천장 사이에서 나는 소리인 센입천장소리에는 'ㅈ, ㅉ, ㅊ'이, 혀의 뒷부분과 여린입천장 사이에서 나는 소리인 여린입천장소리에는 'ㄱ, ㄲ, ㅋ, ㅇ'이, 목청 사이에서 나는 소리인 목청소리에는 'ㅎ'이 있다.

다음으로 조음 방법에 따라 자음을 분류하면, 허파에서 나오는 공기의 흐름을 일단 막았다가 그 막은 자리를 터뜨리면서 내는 소리를 파열음, 입안이나 목청 사이의 통로를 좁히고 공기를 그 좁은 틈 사이로 내보내어 마찰을 일으키면서 내는 소리를 마찰음, 허파에서 나오는 공기를 막았다가 서서히 터뜨리면서 마찰을 일으켜 내는 소리를 파찰음이라 한다. 'ㄷ, ㄸ, ㅌ, ㅂ, ㅃ, ㅍ, ㄱ, ㄲ, ㅋ'이 파열음, 'ㅅ, ㅆ, ㅎ'이 마찰음, 'ㅈ, ㅉ, ㅊ'이 파찰음에 해당한다. 한편 입안의 통로를 막고 코로 공기를 내보내면서 내는 소리를 비음, 혀끝을 잇몸에 가볍게 대었다가 떼거나 혀끝을 윗잇몸에 댄 채 공기를 그 양옆으로 흘려 내보내면서 내는 소리를 유음이라 하는데, 'ㄴ, ㅁ, ㅇ'이 비음, 'ㄹ'이 유음에 해당한다.

01 음운은 의미를 구별해 주는 최소의 단위이므로 최소 대립쌍을 통해 한 언어의 음운 목록을 확인할 수 있다. ○ | ×

02 '사탕'의 첫 음절의 자음을 발음하기 위해서는 입안이나 목청 사이의 통로를 좁혀서 마찰시키는 방식으로 소리를 내야 한다. ○ | ×

실전 다음 글을 읽고, 〈보기〉에서 최소 대립쌍을 찾아 추출한 음운에 대해 설명한 것으로 적절하지 않은 것은?

> 음운이란 말의 뜻을 구별해 주는 소리의 최소 단위를 말한다. 이러한 음운은 최소 대립쌍을 통해 파악할 수 있는데, 최소 대립쌍이란 의미를 구별하게 하는 음운을 가진 단어들의 쌍을 말한다. 최소 대립쌍은 오직 한 가지 요소에 의해서만 뜻이 구별된다. 가령 최소 대립쌍 '발'과 '불'은 'ㅏ'와 'ㅜ'로 인해 뜻이 달라지는데, 이때의 'ㅏ'와 'ㅜ'는 음운의 자격을 얻게 된다.
>
> 음운에 속하는 말소리들은 성격에 따라 음소와 운소의 두 가지로 구분하는데, 음소에 속하는 자음과 모음은 한국어에서 모두 단어의 의미를 변별해 주는 역할을 한다.
>
> 이 중 자음은 조음 방법과 조음 위치에 따라 분류할 수 있다. 조음 방법에 따라서는 파열음(ㄷ, ㄸ, ㅌ, ㅂ, ㅃ, ㅍ, ㄱ, ㄲ, ㅋ), 파찰음(ㅈ, ㅉ, ㅊ), 마찰음(ㅅ, ㅆ, ㅎ), 비음(ㄴ, ㅁ, ㅇ), 유음(ㄹ)으로 나눌 수 있고, 조음 위치에 따라서는 입술소리(ㅂ, ㅃ, ㅍ, ㅁ), 잇몸소리(ㄷ, ㄸ, ㅌ, ㅅ, ㅆ, ㄴ, ㄹ), 센입천장소리(ㅈ, ㅉ, ㅊ), 여린입천장소리(ㄱ, ㄲ, ㅋ, ㅇ), 목청소리(ㅎ)로 나눌 수 있다.

┌─ 보기 ─────────────────────────────┐
│ 구름, 포도, 추대, 바다, 무대, 기름, 보도 │
└──────────────────────────────────┘

① 추출된 음운 중에는 2개의 파열음과 1개의 파찰음이 있다.
② 추출된 음운 중 입술소리이면서 비음인 것은 1개이다.
③ 최소 대립쌍인 '바다'와 '보도'는 모음의 차이로 인해 뜻이 구별된다.
④ 최소 대립쌍에서 추출할 수 있는 음운의 개수는 총 6개이다.

03 국어의 음운 변동

최우선 개념 03 — 교체, 축약, 탈락, 첨가

음운 현상		변화 양상	예시
교체	음절의 끝소리 규칙	끝소리는 'ㄱ, ㄴ, ㄷ, ㄹ, ㅁ, ㅂ, ㅇ'의 7개의 대표음으로 실현	부엌 [　　] ①
	자음 동화	비음화: 파열음이나 유음이 비음을 만나서 비음인 [ㄴ, ㅁ, ㅇ]으로 발음 되는 현상	국물 [　　] ② 밥만 [　　] ③
		유음화: 'ㄴ'이 'ㄹ'의 앞이나 뒤에서 'ㄹ'로 발음되는 현상	신라 [　　] ④
	구개음화	'ㄷ, ㅌ'인 형태소가 모음 'ㅣ'나 'ㅑ, ㅕ, ㅛ, ㅠ'로 시작되는 형식 형태소와 만나면 'ㄷ, ㅌ'이 구개음인 [ㅈ, ㅊ]으로 변하는 현상	해돋이 [　　] ⑤
	된소리되기	대표 유형: ㅂ, ㄷ, ㅈ, ㄱ+ㅂ, ㄷ, ㅈ, ㄱ → [ㅃ, ㄸ, ㅉ, ㄲ]	국밥 [　　] ⑥
축약	자음 축약	ㅂ, ㄷ, ㅈ, ㄱ+ㅎ → [ㅍ, ㅌ, ㅊ, ㅋ]	낙하 [　　] ⑦
	모음 축약	ㅗ, ㅜ+ㅏ/ㅓ → ㅘ, ㅝ	보아서 → 봐서
탈락	자음 탈락	자음군 단순화: 음절 말의 겹받침 가운데 하나가 탈락하고 나머지 하나만 발음되는 현상	밝다 [　　] ⑧ 얇다 [　　] ⑨
		ㄹ 탈락: 특정 어미(ㄴ, ㅅ 등)와 결합할 때 용언 어간의 끝소리인 'ㄹ'이 탈락하는 현상	날+는 → 나는
	모음 탈락	ㅡ 탈락: 'ㅡ'가 'ㅏ/ㅓ'로 시작하는 어미 앞에서 탈락하는 현상	따르+아 → 따라
		동일 모음 탈락: 똑같은 모음이 연속할 때 탈락	가+아서 → 가서
첨가	ㄴ 첨가	합성어와 파생어에서 앞 단어나 접두사의 끝이 자음이고 뒤 단어나 접미사의 첫음절이 '이, 야, 여, 요, 유'인 경우에 'ㄴ'이 첨가되는 현상	한여름 [　　] ⑩

01 '흙하고[흐카고]'는 두 가지 이상의 음운 변동 유형이 나타나는 경우에 해당한다.　　O | X

02 '늑막염'은 교체 및 첨가가 일어나며 음운의 개수가 2개 늘어난다.　　O | X

문법 지문 적용하기

실전 다음 글에서 추론한 내용으로 적절하지 않은 것은?

> 국어에는 받침 'ㄱ, ㄷ, ㅂ' 뒤에 비음인 'ㄴ, ㅁ'이 올 때 앞선 자음인 'ㄱ, ㄷ, ㅂ'이 뒤에 오는 비음의 조음 방식에 동화되어 각각 동일한 조음 위치의 'ㅇ, ㄴ, ㅁ'으로 바뀌는 음운 변동이 있다. 이러한 변동을 비음화 현상이라고 하며, 이는 예외 없이 적용될 만큼 강력하다.
>
> 비음화는 앞 음절의 받침이 'ㄱ, ㄷ, ㅂ'이 아닌 경우에도 나타난다. 즉 음운 변동의 결과 종성이 대표음인 [ㄱ, ㄷ, ㅂ] 중 하나로 발음되면 비음화 현상이 적용되는 것이다. 관련 규정에서 'ㄱ(ㄲ, ㅋ, ㄳ, ㄺ), ㄷ(ㅅ, ㅆ, ㅈ, ㅊ, ㅌ, ㅎ), ㅂ(ㅍ, ㄼ, ㄿ, ㅄ)'과 같이 'ㄱ, ㄷ, ㅂ' 옆의 괄호에 포함된 자음들은 이러한 사실을 반영한 것이다. 이에 따라 'ㄱ'의 경우 앞말이 'ㄲ, ㅋ, ㄳ, ㄺ'으로 끝나더라도 종성에서는 [ㄱ]으로 발음되기 때문에 비음화가 적용되며, 'ㄷ'이나 'ㅂ'도 마찬가지이다.
>
> 이는 비음화 현상이 음절의 종성 제약과 관련된 음운 변동이 일어난 후에 적용된다는 사실을 말해 준다. 즉 홑받침의 경우 장애음이 'ㄱ, ㄷ, ㅂ' 중 어느 하나로 바뀐 후에 비음화가 적용되며 겹받침의 경우 자음 중 하나가 탈락한 후에 이것이 적용되는 것이다.

① '흙만'은 '흑만 → 흥만'의 과정을 거쳐 [흥만]으로 발음된다.
② '젖멍울'에는 'ㄷ'이 비음으로 바뀌는 음운 변동 현상이 나타난다.
③ '읊는'의 겹받침은 자음 앞에서 [ㄹ]로 발음되므로 비음화 현상이 나타나지 않는다.
④ '놓는[논는]'에 비음화 현상이 나타나는 이유는 '놓는'에 비음이 있기 때문이다.

04 용언의 활용

최우선 개념 04 용언, 어간, 어미, 기본형, 활용

1. 용언의 규칙 활용

'ㄹ' 탈락	어간의 끝소리 'ㄹ'이 'ㄴ, ㅂ, ㅅ, -오, -ㄹ' 앞에서 탈락함. 예 하늘을 날+는 → ①
'—' 탈락	용언의 어간 '으'가 어미 '-아'나 '-어' 앞에서 탈락함. 예 바쁘+아 → ②

2. 용언의 불규칙 활용

어간 변화	'ㅅ' 불규칙	어간의 끝소리 'ㅅ'이 모음 앞에서 탈락함. 예 짓+어 → ①
	'ㄷ' 불규칙	어간의 끝소리 'ㄷ'이 모음 앞에서 'ㄹ'로 바뀜. 예 싣+어 → ②
	'ㅂ' 불규칙	어간의 끝소리 'ㅂ'이 모음 앞에서 '오/우'로 바뀜. 예 곱+아 → ③
	'르' 불규칙	어간의 끝소리 '—'가 탈락하면서 'ㄹ'이 덧생김. 예 흐르+어 → ④
	'우' 불규칙	어간의 끝소리 '우'가 모음 앞에서 탈락함. 예 푸+어 → ⑤
어미 변화	'여' 불규칙	어미의 '-아'가 '-여'로 바뀜. 예 하+아 → ⑥
	'러' 불규칙	어미의 첫소리 '-어'가 '-러'로 바뀜. 예 이르+어 → ⑦
	'오' 불규칙	'달다'의 명령형 어미가 '-오'로 바뀜. 예 달+아라 → ⑧
어간+어미 변화	'ㅎ' 불규칙	어간의 끝 'ㅎ'이 탈락하고 어미 '-아/-어'가 '-애/-에'로 변함. 예 파랑+아 → ⑨

01 용언은 활용을 하는 특성을 지니며, 어간과 어미로 구성된다. 이 중 어간은 중심 의미를, 어미는 다양한 문법적 특질을 드러낸다. ○ | ×

02 용언의 불규칙 활용은 크게 어간이 불규칙하게 바뀌는 경우, 어미가 불규칙하게 바뀌는 경우, 어간과 어미 둘 다 불규칙하게 바뀌는 경우로 나눌 수 있다. '흐르다'는 어간이 불규칙하게 바뀌는 경우에 해당한다. ○ | ×

03 '자정에 이르러 집에 도착했다.'의 '이르러'와 '내일까지 잔금을 치러야 한다.'의 '치러야'는 용언의 활용 유형이 같다. ○ | ×

실전 다음 글에서 추론한 내용으로 적절하지 않은 것은?

> 용언이 활용할 때 어간이나 어미의 기본 형태가 달라지는 현상을 일정한 규칙으로 설명할 수 있는 것을 규칙 활용이라고 하고, 설명할 수 없는 것을 불규칙 활용이라고 한다. 또한 불규칙 활용 현상을 보이는 용언은 불규칙 용언이라고 하고, 규칙 활용을 보이는 용언은 규칙 용언이라고 한다.
>
> 규칙 활용 현상으로 'ㅡ' 탈락, 'ㄹ' 탈락 등을 들 수 있다. 'ㅡ' 탈락은 어간에 있던 'ㅡ'가 일정한 어미 앞에서 항상 탈락하는 현상을 보이는 것으로, '따르-+-아 → 따라'처럼 어간의 'ㅡ'가 규칙적으로 탈락한다. 'ㄹ' 탈락은 어간에 있던 'ㄹ'이 일정한 어미 앞에서 규칙적으로 탈락하는 것인데, 만약 탈락시키지 않고 '날으는'으로 쓰게 되면 잘못된 것이다.
>
> 불규칙 활용에는 어간이 바뀌는 것, 어미가 바뀌는 것, 어간과 어미가 모두 바뀌는 것의 세 가지 종류가 있다. 어간이 불규칙하게 변하는 현상을 보이는 것에는 어간의 'ㅂ'이 이유 없이 반모음 '오/우'로 바뀌는 'ㅂ' 불규칙 등이 있다.
>
> 어미가 불규칙하게 변하는 현상을 보이는 것에는 어간 '하-' 뒤에 오는 어미 '-아'가 무조건 '-여'로 변하는 '여' 불규칙 활용과 '이르-+-어 → 이르러'처럼 어미 '-어'가 '-러'로 변하는 '러' 불규칙 활용 등이 있다.
>
> 어간과 어미가 동시에 불규칙하게 변하는 현상을 보이는 것에는 'ㅎ' 불규칙 활용이 있는데, 'ㅎ' 불규칙 활용은 '좋다'를 제외하고 어간이 'ㅎ'으로 끝나는 모든 형용사에서 발견된다.

① '잠그다'는 '잠가, 잠그니'와 같이 활용하므로 규칙 활용을 한다.
② 규칙 활용을 하는 'ㄹ' 탈락 현상에 따르면 '거리를 걸으는'의 '걸으는'은 잘못된 표기이다.
③ '눕다'는 '누워'와 같이 어간의 'ㅂ'이 이유 없이 반모음 '우'로 바뀌므로 'ㅂ' 불규칙 활용을 하는 용언이다.
④ 동사 '놓다'는 'ㅎ' 불규칙 활용을 하지 않는다.

05 조사

최우선 개념 05 조사, 격 조사, 보조사, 접속 조사

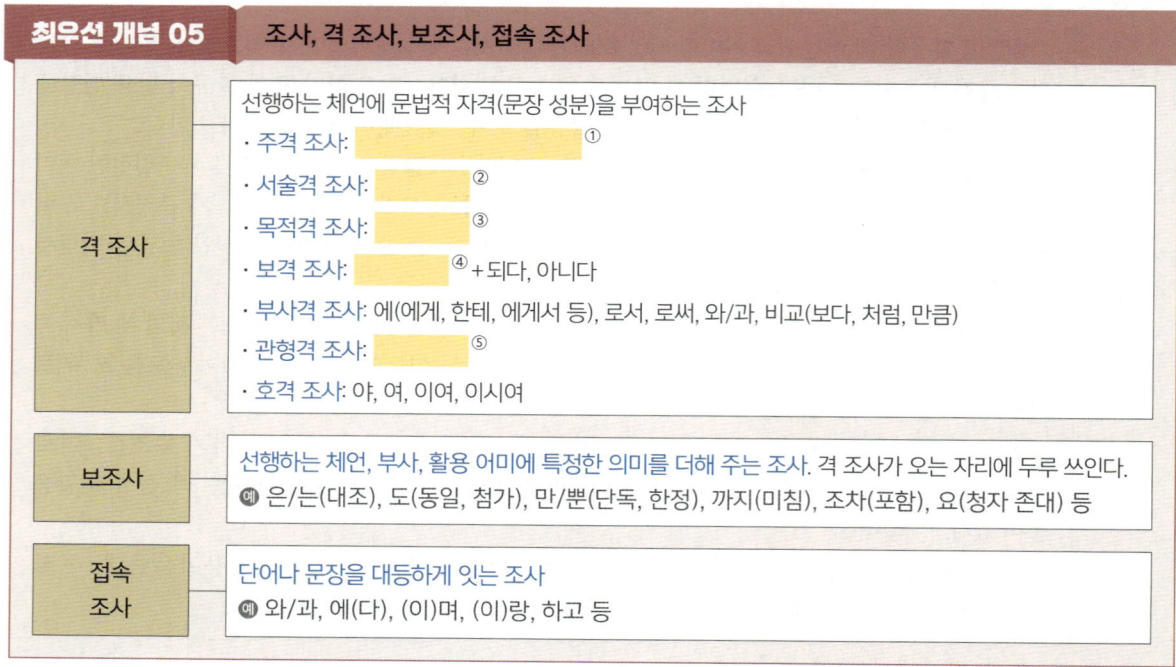

01 조사는 주로 체언의 뒤에 붙어 문법적 관계를 나타내는 형식 형태소이다. ○ | ×

02 '이번 계약은 우리 부서에서 맡기로 했다.'의 '에서'와 '철수는 학원에서 공부를 한다.'의 '에서'는 모두 부사격 조사이다. ○ | ×

03 '철수는 영희와 친하다.'의 '는'과 '기선은 증기의 힘으로 달린다.'의 '은'은 서로 형태가 다르지만 모두 주격 조사이다. ○ | ×

문법 지문 적용하기

실전 다음 글을 읽고 추론한 내용으로 적절하지 않은 것은?

> 　조사는 그 기능과 의미 역할에 따라 '격 조사', '접속 조사', '보조사'로 나눌 수 있다. 격 조사는 앞에 오는 체언이 문장 안에서 일정한 문법적 자격을 가지도록 해 주는 것을 말한다. '{바깥이/날씨가} 덥다.'의 '이/가', '선생님께서 숙제를 내 주셨다.'의 '께서', '우리 학교에서 우승을 차지했다.'의 '에서'는 체언이 문장 속에서 주어로서의 자격을 가지도록 해 주는 주격 조사이다.
> 　접속 조사는 두 단어를 같은 자격으로 이어 주는 구실을 하는 것을 말한다. 예를 들어, '나는 사과와 배를 좋아한다.'는 '나는 사과를 좋아한다.'와 '나는 배를 좋아한다.'라는 두 문장이 접속된 것으로 이때의 '와'는 접속 조사이다. 다만, '사과는 배와 다르다.'는 '사과는 배와 비교할 때 다르다.'라는 의미를 가지고 있으므로 이때의 '와'는 비교 부사격 조사로 쓰인 것이다.
> 　보조사는 앞말에 특별한 뜻을 더해 주는 기능을 하는 것이다. 가령 '이곳에서는 취사를 하면 안 됩니다.'의 '에서는'과 같이 보조사와 격 조사가 함께 나타날 수 있는데, 이때 문법적 관계는 부사격 조사인 '에서'가 담당하고 보조사 '는'은 앞 체언에 '대조'의 의미를 더하는 기능을 한다.

① '회사에서 이번 연수의 경비를 두둑이 내주었다.'의 '에서'는 '회사'에 주어의 자격을 부여하는 주격 조사이다.
② '철수와 영수는 영어를 잘한다.'의 '와'는 부사격 조사이므로 이 문장은 두 문장으로 분리되지 않는다.
③ '영희가 국어는 좋아한다.'의 '는'은 다른 과목은 좋아하지 않는다는 의미를 더해 준다.
④ '이번 여름, 너와 나만의 추억을 만들자.'에서 '나만의'에 문법적 자격을 부여하는 것은 '의'이다.

06 단어의 형성

최우선 개념 06 | 어근, 접사, 단일어, 합성어, 파생어

1. **단일어:** 하나의 실질 형태소 또는 어근으로 이루어진 단어
   ① 어근 하나로 형성된 경우 예 집, 하늘, 사랑
   ② 단순한 '어간+어미'의 활용형으로 형성된 경우 예 잡다, 잡았다

2. **복합어:** 둘 이상의 형태소로 이루어진 단어

   (1) _____
   ① 접두사에 의한 파생어 예 군식구, 날고기, 들국화, 막노동
   ② 접미사에 의한 파생어
   · 어근에 뜻을 더해 주는 한정적 접미사 예 건축가, 비상구, 선생님, 한국인
   · 품사를 바꾸는 지배적 접미사 예 지우개, 공부하다, 정답다, 자유롭다

   (2) _____
   ① _____ : 우리말의 일반적인 단어 배열법과 일치하는 합성어
   · 명사+명사 예 집안, 눈물, 논밭, 이슬비
   · 관형어+체언 예 첫사랑, 새해, 군밤, 어린이, 큰형
   · 부사+부사 예 곧잘, 더욱더, 이리저리
   · 부사+용언 예 잘나다, 그만두다, 못나다
   · 조사가 생략된 경우 예 힘들다, 값싸다, 본받다, 애쓰다
   · 연결 어미로 이어진 경우(어간+연결 어미+어간) 예 돌아가다, 스며들다, 게을러빠지다
   ② _____ : 우리말의 일반적인 단어 배열법과 일치하지 않는 합성어
   · 관형사형 어미의 생략(어근+명사) 예 검버섯, 접칼, 덮밥, 곶감
   · 연결 어미의 생략 예 뛰놀다, 굳세다, 오르내리다
   · 부사+명사 예 부슬비, 척척박사, 산들바람
   · 한자어에서 우리말과 어순이 다른 경우 예 독서(讀書), 등산(登山), 귀향(歸鄕)

01 '회덮밥'은 파생어 '덮밥'에 새로운 어근 '회'가 결합된 합성어이다. O | X

02 '높푸르다'는 '용언의 연결형+용언 어간'의 구성을 취하는 통사적 합성어의 예에 해당하지 않는다. O | X

03 '코웃음'과 '줄넘기'는 구성 방식이 동일한 합성어이다. O | X

실전 ㉠과 ㉡에 들어갈 말을 적절하게 나열한 것은?

2025 국가직 9급

> 두 개 이상의 형태소로 이루어진 단어를 복합어라 한다. 복합어를 처음 두 개로 쪼갰을 때의 구성 요소를 직접 구성 요소라고 한다. 이 직접 구성 요소를 분석한 결과, 둘 중 어느 하나가 접사이면 파생어이고, 둘 다 어근이면 합성어이다. 즉 합성어는 '어근+어근'의 구성인데, 이는 합성어를 구성하는 두 구성 요소 중 어느 것도 접사가 아니라는 말이다.
> 그런데 '쓴웃음'과 같은 단어에는 접사 '-음'이 있으니까 ㉠ 가 아니냐고 반문할 수 있다. 그러나 이는 복합어 구분의 기준을 온전히 이해하지 못했기 때문에 나올 수 있는 진술이다. 전술한 바와 같이 복합어가 파생어인지 합성어인지를 결정하는 기준은 처음 두 개로 쪼갰을 때 두 구성 요소의 성격이며, 2차, 3차로 쪼갠 결과는 복합어 구분에 관여하지 않는다. 즉 '쓴웃음'의 두 구성 요소 중의 하나인 '웃음'은 파생어이지만 이 '웃음'이 또 다른 단어 형성에 참여할 때는 ㉡ (으)로 참여하는 것이다.

	㉠	㉡		㉠	㉡
①	합성어	접사	②	합성어	어근
③	파생어	접사	④	파생어	어근

07 문장 성분의 갈래

최우선 개념 07 | 문장 성분 (주술목보 관부 독)

주성분	주어	• 문장의 주체가 되는 문장 성분 • 체언+주격 조사, 인원수+서, 단체 무정 명사+에서, 체언+보조사 ㉮ 꽃이 예쁘다. / 할아버지께서 오셨다. / 둘이서 갔다. / 우리 학교에서 우승을 했다.
	서술어	• 주어를 풀이하는 기능을 하는 문장 성분 • 동사·형용사의 종결형, 서술절·서술격 조사 '이다'로 끝나는 서술어 • 본용언+보조 용언: 하나의 서술어 ㉮ 밥을 먹어 버렸다. (서술어 1개)
	목적어	• 서술어의 대상이 되는 문장 성분 • 체언+목적격 조사, 체언+보조사, 체언+보조사+목적격 조사 ㉮ 나는 사과를 먹는다. / 그는 사과만 먹는다. / 그는 사과만을 좋아한다.
	보어	• '되다, 아니다'의 필수 성분이 되는 문장 성분 • 체언+보격 조사(이/가)+되다/아니다 ㉮ 영희는 선생님이 되었다. / 이것은 사실이 아니다.
부속 성분	관형어	• 체언을 수식하는 문장 성분 • 관형사, 체언+관형격 조사(의), 체언, 용언의 어간+관형사형 어미 ㉮ 새 모자 / 나의 책 / 그는 시골 풍경을 좋아한다. / 큰 것보다 작은 것
	부사어	• 용언, 부사, 문장 전체 등을 수식하는 문장 성분 • 부사, 체언+부사격 조사, 부사+보조사, 접속 부사, 부사절 ㉮ 나는 책을 매우 좋아한다. / 그는 도시에 산다. / 너 참 빨리도 왔구나.
독립 성분	독립어	• 다른 성분과 직접적인 관련이 없는 문장 성분 • 감탄사, 체언+호격 조사, 문장의 제시어 ㉮ 아, 벌써 겨울이구나. / 정윤아, 빨리 와라. / 사랑, 인생의 기쁨이여.

• 우리 학교에서 ① _____ 우승을 차지했다. vs 우리 학교에서 ② _____ 축구를 했다.
• 구름이 비가 ③ _____ 된다. vs 코끼리는 코가 ④ _____ 길다.

01 '소녀는 시골의 풍경을 좋아한다.'의 '시골의'는 관형어이지만, '군인인 형이 휴가를 나왔다.'의 '군인인'은 관형어가 아니다. O | X

02 '그는 밥도 안 먹고 일만 한다.'와 '그는 그녀에게 물만 주었다.'에서 '밥도'와 '물만'은 문장 성분이 같다. O | X

03 '철수가 학자가 되었다.'의 '학자가'와 '할아버지도 키가 큰 편에 속하신다.'의 '할아버지도'는 모두 주어이다.
O | X

실전 다음 글을 읽고 추론한 내용으로 적절한 것은?

> 문장은 일정한 문법적 기능을 하는 문장 성분들로 이루어진다. 문장 성분은 문장을 구성하는 데 골격이 되는 필수적인 주성분과, 주성분의 내용을 수식하는 부속 성분, 다른 문장 성분과는 직접 관련이 없는 독립 성분으로 나누어진다.
> 주성분에는 동작 또는 상태나 성질의 주체가 되는 주어(예 물이 맑다. / 우리 학교에서 우승했다.), 주어의 동작·상태·성질 등을 풀이하는 서술어(예 해가 솟는다.), 서술어의 동작 대상이 되는 목적어(예 철수가 책을 읽었다.), '되다, 아니다'와 같은 서술어가 요구하는 필수적인 문장 성분인 보어(예 나는 학생이 아니다.)가 있다. 부속 성분에는 체언을 수식하는 관형어(예 시골의 생활), 용언이나 다른 부사어 등을 수식하는 부사어(예 나는 도서관에서 친구를 만났다. / 물이 얼음으로 되었다.)가 있으며, 독립 성분에는 문장의 어느 성분과도 직접적인 관련이 없는 독립어(예 아, 정말 잘했다.)가 있다.

① '정부에서 시중에 비축미를 방출하였다.'와 '아이가 침대에서 예쁘게 자고 있다.'는 주성분의 개수가 같다.
② '정부에서 시중에 비축미를 방출하였다.'의 '정부에서'와 '아이가 침대에서 예쁘게 자고 있다.'의 '침대에서'는 형태는 비슷하지만 문장 성분은 다르다.
③ '아이가 침대에서 예쁘게 자고 있다.'의 부속 성분의 개수는 '나의 꿈이 물거품으로 되어 버렸다.'보다 많다.
④ '올챙이는 자라서 개구리가 된다.'의 '개구리가'와 '나의 꿈이 물거품으로 되어 버렸다.'의 '물거품으로'는 둘 다 보어로 주성분에 해당한다.

문장의 종류

최우선 개념 08 홑문장, 겹문장, 이어진문장, 안은문장

홑문장		· 주어와 서술어의 관계가 한 번만 이루어지는 문장 · '본용언 + 보조 용언'은 서술어가 하나이므로 홑문장이다. ㉠ 철수는 밥을 많이 먹고 있다.	
겹문장	이어진 문장	① □□ 이어진 문장	철수는 김밥을 먹고 영희는 비빔밥을 먹었다. → 순서를 바꾸어도 성립함.
		② □□ 이어진 문장	철수는 김밥을 먹고 배탈이 났다. → 인과적 관계이므로 순서를 바꿀 수 없음.
	안은 문장	명사절을 안은 문장	밥을 먹기가 어렵다. / 밥을 먹기를 좋아한다. / 밥을 먹기 전에 공부해라. / 밥을 먹기에는 배가 부르다. → 명사절을 안은 문장이 □□③의 기능을 하고 있음.
		서술절을 안은 문장	이 식당은 밥이 맛있다. → □□④의 형식
		관형절을 안은 문장	· 밥을 먹은 철수를 만났다. → □□⑤ 관형절 · 밥을 먹은 사실을 알고 있다. → □□⑥ 관형절
		부사절을 안은 문장	철수는 밥을 먹듯이 간식을 먹는다.
		인용절을 안은 문장	철수는 "밥이 참 맛있네."라고 말했다.

01 '내가 어제 책을 산 서점은 우리 집 옆에 있다.'는 주어와 서술어의 관계가 한 번만 이루어지는 문장이다. ○ | ✕

02 '아이들이 놀다 간 자리는 항상 어지럽다.'에서 안긴문장은 주성분으로 쓰였다. ○ | ✕

03 '그는 밥을 먹고 학교에 갔다.'는 나열을 나타내는 어미 '-고'로 연결되었으므로 대등하게 이어진 문장이다. ○ | ✕

실전 다음 글에서 추론한 내용으로 적절한 것은?

문장은 주어와 서술어의 관계가 한 번 나타나는 홑문장과 두 번 이상 나타나는 겹문장으로 나뉘는데, 겹문장에는 이어진문장과 안은문장이 있다. 한 문장이 하나의 성분처럼 기능하는 다른 문장을 안고 있을 때 그것을 안은문장이라 하고, 이때 하나의 성분처럼 기능하는 문장을 안긴문장이라 한다.

안긴문장에는 명사절, 관형절, 부사절, 서술절, 인용절이 있다. 명사절은 '-(으)ㅁ', '-기'가 붙어 만들어지며 문장 안에서 조사와 결합하여 주어, 목적어, 부사어와 같은 다양한 기능을 한다. 관형절은 '-(으)ㄴ', '-는', '-(으)ㄹ' 등이 붙어 뒤의 체언을 꾸민다. 관형절에는 주어가 생략된 관형절, 목적어가 생략된 관형절, 부사어가 생략된 관형절 등이 있다. 부사어처럼 용언을 수식하는 기능을 하는 부사절은 '-이', '-게', '-도록' 등이 결합하여 이루어진다. 그리고 절 전체가 서술어의 기능을 하는 서술절은 다른 절들과 달리 특별한 표지가 붙지 않는다. 끝으로 다른 사람의 말이나 자신의 생각 등을 인용한 것을 인용절이라고 하는데, 문장을 그대로 인용하는 직접 인용절에는 '라고'와 같은 조사가, 말하는 사람의 표현으로 바꾸어 인용하는 간접 인용절에는 '고'와 같은 조사가 쓰인다.

① '예쁜 꽃이 활짝 피었다.'는 주어와 서술어의 관계가 한 번 나타나는 홑문장이다.
② '형은 그 아이가 정직함을 믿었다.'는 안은문장의 주어와 안긴문장의 주어가 같다.
③ '영희는 책을 좋아한다고 나에게 말했다.'는 문장을 그대로 인용하는 직접 인용절을 안은 문장이다.
④ '철수는 동생이 합격하기를 바라고 있다.'는 명사절이 목적격 조사와 결합하여 목적어의 기능을 하는 문장이다.

09 사동 표현·피동 표현

최우선 개념 09 | 사동, 피동

1. 사동 표현

파생적 사동	① 용언의 어간+사동 접미사(-이-, -히-, -리-, -기-, -우-, -구-, -추-) ② 명사+접미사 '-시키다' ③ 직접과 간접의 의미가 모두 있으므로 중의적 문장의 유형에 속함. 예) 아이가 우유를 먹었다. (주동) → 어머니가 아이에게 우유를 먹였다. (사동) 　　주어　목적어　서술어　　　　새로운 사동주　부사어　　　사동사(먹+이+었+다) * 단, 학교 문법에서는 파생적 사동문은 직접 사동으로, 통사적 사동은 간접 사동으로 해석하되 상황에 따라 의미 해석이 달라질 수 있다고 보고 있다.
통사적 사동	① 용언의 어간+보조 용언 '-게 하다' ② 간접 사동의 의미만을 가짐. 예) 아이가 우유를 먹었다. (주동) → 어머니가 아이에게 우유를 먹게 하였다. (사동) 　　주어　목적어　서술어　　　　새로운 사동주　부사어　　　보조 용언

2. 피동 표현

파생적 피동	① 용언의 어간+피동 접미사(-이-, -히-, -리-, -기-) ② 명사+접미사 '-되다', '-받다', '-당하다' 예) 경찰이 도둑을 잡았다. → 도둑이 경찰에게 잡혔다. 　　주어　목적어　능동사　　주어　부사어　피동사(잡+히+었+다)
통사적 피동	용언의 어간+보조 용언 '-어지다, -게 되다' 예) 글씨를 잘 쓴다. → 글씨가 잘 써진다. 　　목적어　서술어　　주어　쓰+어지다(보조 용언)

3. 사동형과 피동형이 같은 경우

- 철수에게 하늘을 보였다. → 사동
- 하늘이 보였다. → 피동

→ '보이다'는 사동형과 피동형이 같다.
　일반적으로 목적어가 있으면 사동, 없으면 피동으로 구별한다.

---

01 접사 '-이-', '-히-', '-리-', '-기-'는 피동사를 만들기도 하고 사동사를 만들기도 하는데, '토끼가 사자에게 다리를 물렸다.'에서 '물렸다'는 피동사이다. ○ | ×

02 '저쪽 복도에 놓여진 화분은 매우 예쁘구나.'에서 '놓여진'은 그 쓰임이 자연스럽다. ○ | ×

03 '아이가 책을 읽다. → 아빠가 아이에게 책을 읽히다.'를 보면, 주동문을 사동문으로 바꾸어도 서술어의 자릿수는 변하지 않는다. ○ | ×

실전 다음 글에서 추론한 내용으로 잘못된 것은?

> 피동문은 '-이-, -히-, -리-, -기-'와 같은 파생 접미사에 의한 파생적 피동문과, '-어지다, -게 되다'에 의한 통사적 피동문으로 나눌 수 있다. 먼저, 능동문이 피동문으로 바뀔 때에는, 능동문의 목적어가 피동문의 주어가 되고, 능동문의 주어는 피동문의 부사어가 된다. 피동문에서는 피동사가 쓰이는데, 피동사는 '보이다, 박히다, 물리다, 끊기다'와 같이 능동사의 어간에 '-이-, -히-, -리-, -기-'가 결합하여 만들어진다.
>
> 그렇지만 국어에서는 모든 타동사 어간에 피동 접미사가 결합할 수 있는 것은 아니다. '주다' 등의 수여 동사, '얻다, 돕다' 등의 수혜 동사, '알다, 느끼다' 등의 경험 동사, '닮다' 등의 대칭 동사, '공부하다, 생각하다' 등의 '-하다' 동사 등은 피동사가 없는 능동사이다.
>
> 또한 파생적 피동문과는 달리, '-어지다, -게 되다'에 의해 피동문이 만들어지기도 하는데, 이를 통사적 피동문이라고 한다. '예뻐지다', '밝혀지다' 등이 여기에 해당한다.
>
> 한편 피동사와 사동사가 동일한 형태인 것들이 있다. 예를 들어, '아이가 엄마에게 안겼다.'에서 '안기다'는 피동사이고, '엄마가 아빠한테 아기를 안겼다.'의 '안기다'는 사동사이다. 이러한 단어의 경우, 문장에서의 의미나 쓰임 등을 통해서 구별해야 한다.

① '드러나다'의 피동 표현 '드러나게 되다'는 통사적 피동이다.
② '사랑하다', '드리다', '배우다'는 피동사가 없는 능동사이다.
③ '써지다'는 파생 접미사에 의해 피동사가 된 파생적 피동이다.
④ 능동문이 피동문으로 바뀔 때 주어와 목적어의 문장 성분은 모두 바뀐다.

10 높임 표현

| 최우선 개념 10 | 주체 높임, 객체 높임, 상대 높임 |

1. 주체 높임법

시	높임의 어휘나 조사, 선어말 어미 '-시-'를 통해 실현됨. 예 아버지께서 진지를 드신다. 　　　조사　어휘　　-시-
시+ 간접 높임	주체와 연관이 있는 대상을 높임. '있다'의 경우, 직접 높임은 '계시다'로, 간접 높임은 '있으시다'로 형태가 바뀜. 예 용건이 있으신 분, 계세요? 　　　　　　①　　　　　②
시- 압존법	가족이나 사제지간 같은 사적 관계에서 적용됨. 예 할아버지, 아버지가 왔습니다. → 청자를 고려하여 ③ 를 낮춤.

2. 객체 높임법

목적어나 　　　　　를 높이는 것으로, 조사 '께'와 '뵙다, 드리다, 모시다, 여쭙다'를 통해 실현됨.

예 나는 할머니께 용돈을 드렸다.
→ 객체인 '할머니'를 조사와 특수 어휘를 통해 높임.

3. 상대 높임법

　　　　　에 대한 높임법으로, 격식체와 비격식체를 나타내는 종결 어미로 표현된다.

(1) 격식체
　예 손님 - 어서 오십시오.　　어서 오오.　　어서 오게.　　어서 와라.

(2) 비격식체
　예 어서 와요.　　어서 와.

---

01 우리말에는 주체 높임, 객체 높임, 상대 높임 등이 있다. 주체 높임과 객체 높임의 경우 높임은 +로, 높임이 아닌 것은 -로 표시하고 상대 높임의 경우 반말체를 -로, 해요체를 +로 표시한다면, '영희야, 내가 선생님께 선물을 드렸다.'는 [주체 -], [객체 +], [상대 -]로 표시할 수 있다. ○ | ✕

02 '여러분, 아이들을 자리에 앉혀 주십시오.'는 청자를 높이는 표현이다. ○ | ✕

실전 ㉠의 사례가 포함되어 있지 않은 것은?

> 존경 표현에는 주어 명사구를 직접 존경하는 '직접 존경'이 있고, 존경의 대상과 긴밀한 관련을 가지는 인물이나 사물 등을 높이는 ㉠ '간접 존경'도 있다. 전자의 예로 "할머니는 직접 용돈을 마련하신다."를 들 수 있고, 후자의 예로는 "할머니는 용돈이 없으시다."를 들 수 있다. 전자에서 용돈을 마련하는 행위를 하는 주어는 할머니이므로 '마련한다'가 아닌 '마련하신다'로 존경 표현을 한 것이다. 후자에서는 용돈이 주어이지만 할머니와 긴밀한 관련을 가진 사물이라서 '없다'가 아니라 '없으시다'로 존경 표현을 한 것이다.

① 고모는 자식이 다섯이나 있으시다.
② 할머니는 다리가 아프셔서 병원에 다니신다.
③ 언니는 아버지가 너무 건강을 염려하신다고 말했다.
④ 할아버지는 젊었을 때부터 수염이 많으셨다고 들었다.

정답과 해설

PART 1 논리

01 연역 논증과 귀납 논증

연습 문제

01 귀납 논증
해설 지금까지 그래 왔다고 하여 내일도 그럴 것인지는 확신할 수 없다. 내일도 해가 서쪽에서 뜨지 않을 것이라는 결론은 참일 개연성이 높은 것이지, 필연적으로 참이라고는 할 수 없다.

02 연역 논증
해설 등산 동우회 회원은 여덟 명이고, 일주일은 7일이다. 따라서 같은 요일에 태어난 사람은 적어도 두 명이다. 전제가 참일 때 결론이 필연적으로 참이므로, 이는 연역 논증이다.

03 귀납 논증
해설 '닮았다'는 '똑같다'가 아니므로, 철수가 영수와 닮고 영수가 길수와 닮았다고 하여 철수가 길수와 닮았을지는 알 수 없다. 결론이 필연적으로 참이라 할 수 없다.

02 명제의 기호화

연습 문제

01 일행직 ∨ 소방직 선언문
02 성실 → 합격 조건문
03 수험생 ∧ ~성실 연언문
04 ~(시험 어려움 ∨ 시험 쉬움) 주 논리 연결사로 판단하면 부정문
05 환경 → (~물 맘껏 씀 ∨ 대중교통 이용) 주 논리 연결사로 판단하면 조건문

03 진리표의 이해

연습 문제

01 거짓　**02** 참　**03** 거짓　**04** 참
05 참　**06** 참　**07** 알 수 없음　**08** 거짓
09 알 수 없음　**10** 거짓

04 필수 추론 규칙 12

연습 문제

01 ✗ 후건 긍정의 오류
02 ○ 선언지 제거법
03 ○ 선언지 제거법, 전건 긍정식
04 ○ 연언지 단순화, 전건 긍정식, 연언화
05 ○ 대우 규칙, 단순 양도 논법

05 삼단 논법의 이해

연습 문제

01 부당

1. 공무원a ∧ 경찰a
2. 애국자 → 공무원
─────────────
∴ 애국자 ∧ 경찰a

1에서 연언지 단순화로 [공무원a], [경찰a]가 도출되지만, 이를 2에 적용할 수 없다. [공무원a]를 2에 적용하면 후건 긍정의 오류를 범하는 것이다.
따라서 부당한 논증이다.

02 부당

1. 토끼 → 포유동물
2. 토끼 → 초식 동물
─────────────
∴ 초식 동물 → 토끼

1과 2 모두 [토끼]가 전건에 있으므로 1과 2는 연결될 수 없다.
따라서 주어진 결론을 도출할 수 없는 부당한 논증이다.

03 타당

1. 영어 → 국어
2. 영어a ∧ ~수학a
─────────────
∴ 국어a ∧ ~수학a

2에서 연언지 단순화로 [영어a], [~수학a]가 도출된다. [영어a]로 인해 1의 전건이 긍정되어 [국어a]가 도출되고, 이를 [~수학a]와 연언화하면 '국어a ∧ ~수학a'가 도출된다.
따라서 타당한 논증이다.

04 타당

1. 철수 → ~영희
2. 민수a ∧ 영희a
─────────────
∴ 민수a ∧ ~철수a

2에서 연언지 단순화로 [민수a], [영희a]가 도출된다. [영희a]로 인해 1의 후건이 부정되어 [~철수a]가 도출되고, 이를 [민수a]와 연언화하면 '민수a ∧ ~철수a'가 도출된다.
따라서 타당한 논증이다.

05 부당

> 1. 소설가 → 작가
> 2. 작가a ∧ 화가a
> ───────────────
> ∴ 화가a ∧ 소설가a

2에서 연언지 단순화로 [작가a], [~화가a]가 도출되지만, 이를 1에 적용할 수 없다. [작가a]를 1에 적용하면 후건 긍정의 오류를 범하는 것이다.
따라서 부당한 논증이다.

06 술어 논리의 기호화

연습 문제

01 부당

> 1. 아침 일찍 일어남 → ~지각
> 2. 늦게 잠 → ~아침 일찍 일어남
> ───────────────
> ∴ 늦게 잠 → 지각

1과, 2의 대우인 '아침 일찍 일어남 → ~늦게 잠'은 연결될 수 없다. 왜냐하면 [아침 일찍 일어남]이 모두 전건에 위치하기 때문이다.
따라서 부당한 논증이다.

02 타당

> 1. 실업 급여 → 고용 보험
> 2. 근로자a ∧ ~고용 보험a
> ───────────────
> ∴ 근로자a ∧ ~실업 급여a

2에서 연언지 단순화로 [근로자a], [~고용 보험a]가 도출된다. [~고용 보험a]로 인해 1의 후건이 부정되어 [~실업 급여a]가 도출되고, 이를 [근로자a]와 연언화하면 '근로자a ∧ ~실업 급여a'가 도출된다.
따라서 타당한 논증이다.

03 부당

> 1. 식구 적음a ∧ ~집안 행사 많음a
> 2. A동a ∧ 식구 적음a
> ───────────────
> ∴ A동a ∧ ~집안 행사 많음a

전제가 모두 특칭 명제일 때는 결론을 도출할 수 없다. 주어진 결론이 도출되려면 '식구 적음 → ~집안 행사 많음' 또는 '식구 적음 → A동'이라는 전제가 추가되어야 한다.
따라서 부당한 논증이다.

04 부당

> 1. 정책 입안자 → 사회 제도
> 2. 사회 제도a ∧ ~과학자a
> ───────────────
> ∴ 과학자a ∧ ~정책 입안자a

1, 2는 서로 연결될 수 없다. 왜냐하면 1, 2에 공통적으로 존재하는 [사회 제도a]가 1의 후건에 있기 때문이다. 주어진 결론이 도출되려면 '과학자a ∧ ~사회 제도a'라는 전제가 추가되어야 한다. 또한 매개념인 [사회 제도]가 적어도 한 번은 주연되어야 하는데, 그러지 못했다.
따라서 매개념 부주연의 오류를 범한 부당한 논증이다.

05 타당

> 1. 택시 운전사 → ~과속 적발
> 2. 과속 적발a ∧ 과태료a
> ───────────────
> ∴ 과태료a ∧ ~택시 운전사a

2에서 연언지 단순화로 [과속 적발a], [과태료a]가 도출된다. [과속 적발a]로 인해 1에서 후건이 부정되어 [~택시 운전사a]가 도출되고, 이를 [과태료a]와 연언화하면 '~택시 운전사a ∧ 과태료a'가 결론으로 도출된다. 이는 교환 법칙에 의해 '과태료a ∧ ~택시 운전사a'와 동치이다.
따라서 타당한 논증이다.

07 배타적 선언과 귀류법

연습 문제

01 타당

> 1. ~(그림 ∧ 조각)
> 2. 그림 ∨ 조각
> ───────────────
> ∴ (~그림 → 조각) ∧ (조각 → ~그림)

민수가 그림과 조각을 모두 좋아하는 것은 아니지만, 그림이나 조각을 좋아한다고 한다. 이는 둘 중 정확히 하나를 선택해야 하는 배타적 선언 관계를 의미한다.
따라서 '(~그림 → 조각) ∧ (조각 → ~그림)'이라는 결론이 타당하게 도출된다.

02 타당

> 1. (플라스틱 ∧ 재활용품) → 친환경
> 2. 재활용품 → ~친환경
> ───────────────
> ∴ ~(플라스틱 ∧ 재활용품)

1과, 2의 대우인 '친환경 → ~재활용품'으로부터 가언 삼단 논법에 의해 '(플라스틱 ∧ 재활용품) → ~재활용품'이 도출되는데, 이는 모순이다. '플라스틱이면서 재활용품인 물건이 재활용품이 아니다'는 성립이 불가능하기 때문이다.
따라서 귀류법에 의해 전제인 '플라스틱 ∧ 재활용품'이 거짓임을 알 수 있다. 즉 '~(플라스틱 ∧ 재활용품)'이 타당하게 도출된다.

03 부당

1. 병 → 갑
2. ~병 → 을
3. 을 → 병
∴ 갑 ∧ ~병

2, 3에서 가언 삼단 논법에 의해 '~병 → 병'이 도출되는데, 이는 모순이다. 따라서 귀류법에 의해 [병]이 도출된다. 이로 인해 1의 전건이 긍정되어 [갑]이 도출된다. 이를 연언화하면 '갑 ∧ 병'이 결론으로 도출된다. 따라서 부당한 논증이다.

04 타당

1. 피자 → 치킨
2. (햄버거 ∨ 피자) ∧ ~(햄버거 ∧ 피자)
3. ~치킨
∴ 햄버거

2는 햄버거와 피자 가운데 적어도 하나는 먹어야 하지만, 둘 다 먹을 수는 없다는 의미이다. 이것이 가능하려면, 햄버거와 피자 중 정확히 하나만 먹어야 한다. 즉 둘은 배타적 선언 관계이다. 확정적 정보인 3으로 인해 1의 후건이 부정되어 [~피자]가 도출된다. [~피자]이므로 [햄버거]가 도출된다.
따라서 타당한 논증이다.

08 충분조건·필요조건·필요충분조건

연습 문제

01 충분조건

해설 '소비 심리가 위축되는 것을 막으려면 신성장 전략을 제시해야 한다'는 '소비 심리 위축 막음 → 신성장 전략 제시'로 기호화할 수 있다. 조건문 'p → q'에서 p는 q이기 위한 충분조건이므로 [소비 심리 위축 막음]은 [신성장 전략 제시]의 충분조건이다.

02 필요조건

해설 '산소만 있었다고 해서 ~ 화재가 발생하지 않았을 것'은 '산소 → 화재'는 성립하지 않지만, '~산소 → ~화재'는 성립한다는 의미이다. '~산소 → ~화재'는 대우인 '화재 → 산소'와 동치이다. 따라서 [산소]는 [화재]의 필요조건이다.

03 필요충분조건

해설 '세 각이 모두 60도이면 ~ 정삼각형일 수 없기 때문이다'는 '(60도 → 정삼각형) ∧ (~60도 → ~정삼각형)'으로 기호화된다. 따라서 [60도]는 [정삼각형]의 필요충분조건이다.

04 ① 필요조건 ② 충분조건

해설 '안전이 확보되지 못한 상황에서는 인간 존엄성을 논할 수 없다'는 '~안전 → ~인간 존엄성'으로 기호화된다. 이의 대우는 '인간 존엄성 → 안전'이므로 [안전]은 [인간 존엄성]의 필요조건(①)이다. 또한 '자유와 평화가 동시에 실현될 때 인간 존엄성을 실현할 수 있다'는 '(자유 ∧ 평화) → 인간 존엄성'으로 기호화할 수 있다. 따라서 '자유 ∧ 평화'는 [인간 존엄성]의 충분조건(②)이다.

05 ① 충분조건 ② 필요조건

해설 '정보를 가지고 있다고 전쟁에서 반드시 이길 수는 없지만'은 '정보 → 전쟁 승리'에서 [정보]가 [전쟁 승리]의 충분조건(①)이 아니라는 의미이다. 또한 '정보는 전쟁에서 이기기 위한 핵심적인 조건'은 [정보]가 [전쟁 승리]의 필요조건(②)이라는 의미이다.

09 생략된 전제 찾기

01 명제 논리의 생략된 전제 찾기

정답 다음 달 넷째 주 목요일에 개최할 수 없습니다
해설 제시문을 기호화하면 다음과 같다.

1. 셋째 주 ∨ 넷째 주
2. ☐
3. 셋째 주 → 홍보 포스터
∴ 홍보 포스터

주어진 결론인 [홍보 포스터]를 도출하려면, 3의 전건이 긍정되어야 하므로 [셋째 주]가 필요하다. [셋째 주]는 1에서 선언지가 제거되면 도출되므로 [~넷째 주]가 필요하다.
따라서 '다음 달 넷째 주 목요일에 개최할 수 없습니다'가 빈칸에 들어가야 한다.

02 술어 논리의 생략된 전제 찾기

정답 자연의 아름다움을 좋아하는 사람은 모두 문학을 좋아하는 사람이다
해설 제시문을 기호화하면 다음과 같다.

1. 문학 → 자연
2. 자연a ∧ 예술a
3. ☐
∴ 예술a ∧ 문학a

전제에서 결론을 도출하기 위해서는 [자연a]와 [문학a] 개념의 관계가 밝혀지면 된다. 2에 '자연a ∧ 예술a'가 있으므로 '자연 → 문학'을 추가하면 '예술a ∧ 문학a'라는 결론이 도출될 수 있다.
따라서 추가해야 할 전제는 '자연의 아름다움을 좋아하는 사람은 모두 문학을 좋아하는 사람이다'이다.

연습 문제

01 ~B → C

해설 전제와 주어진 결론에 모두 [A]가 있으므로, [~B]와 [C]를 연결하는 전제가 필요하다.

02 B → C

해설 주어진 전제와 결론의 전건이 모두 [A]이므로, 생략된 전제에는 [B]와 [C]를 연결해 주는 명제가 들어가야 한다. 따라서 'B → C'가 추가되면 A → B와 가언 삼단 논법에 의해 결론인 'A → C'가 도출된다.

03 C → ~B

해설 주어진 전제의 대우가 '~B → ~A'이므로 [~B]와 [C]를 연결하는 전제가 필요하다. 따라서 'C → ~B'가 추가되면 '~B → ~A'와 가언 삼단 논법에 의해 연결되어 결론인 'C → ~A'가 도출된다.

04 A → B

해설 주어진 전제의 대우가 'B → C'이므로 [B]와 [A]를 연결하는 전제가 필요하다. 따라서 'A → B'가 추가되면 'B → C'와 가언 삼단 논법에 의해 결론인 'A → C'가 도출된다.

05 A∧~B

해설 주어진 전제는 전칭 명제이고 결론은 특칭 명제이므로, 생략된 전제에는 특칭 명제가 들어가야 한다. 결론의 [C]는 주어진 전제의 대우인 '~B → C'에 있으므로, [~B]와 [A]가 필요하다. 따라서 이를 연언화한 '~B ∧ A'가 전제로 추가되어야 한다.

06 A → C

해설 주어진 전제인 '~(A → B)'는 단순 함축에 의해 '~~(A ∧ ~B)'와 동치이다. 그리고 이는 이중 부정에 의해 'A ∧ ~B'와 동치이다. 이와 결론에 모두 [~B]가 있으므로, [A]와 [C]를 연결하는 전제가 필요하다. 따라서 생략된 전제는 'A → C'이다.

07 C → B

해설 주어진 전제가 2개이나, 결론이 전칭 명제이므로 'B ∧ C'는 고려할 필요가 없다. '~B → ~C'를 추가하면 'A → ~B'와 가언 삼단 논법에 의해 결론인 'A → ~C'가 도출된다. '~B → ~C'는 대우 규칙에 의해 'C → B'와 동치이다.

10 논리의 오류

연습 문제

01 흑백 사고의 오류

해설 손을 든 사람은 반대이고 손을 들지 않는 사람은 찬성이라고 단정하고 있으므로, 흑백 사고의 오류를 범한 것이다. 흑백 사고의 오류란 논의되는 집합의 원소가 세 개 이상인데 두 개밖에 없다고 판단하는 오류이다.

02 우연의 오류

해설 응급 환자를 이송하는 특수한 경우를 고려하지 않고 일반적인 규칙을 적용하고 있으므로, 우연의 오류를 범한 것이다. 우연의 오류란 일반적인 규칙이 특수한 경우에 그대로 적용될 수 없음에도 적용함으로써 빚어지는 오류이다.

03 대중에 호소하는 오류

해설 사형 제도를 찬성한 국민의 비율이 높다는 것을 근거로 사형 제도가 정당하다고 주장하고 있으므로, 대중에 호소하는 오류를 범한 것이다. 대중에 호소하는 오류란 논지를 따르는 대중의 규모에 비추어 참을 주장하거나, 대중의 편견 등을 자극하여 자신의 주장을 받아들이게 하는 오류이다.

04 후건 긍정의 오류

해설 조건문 '삼촌 약속 지킴 → 놀이공원 감'에서 [놀이공원 감]이 참이므로 [삼촌 약속 지킴]이 참이라고 결론내린 것이므로, 후건 긍정의 오류를 범한 것이다. 후건 긍정의 오류란 조건문에서 후건을 긍정하여 전건을 긍정하는 오류이다.

05 성급한 일반화의 오류

해설 A 마트에서 산 사과만을 근거로 A 마트의 과일 전체에 대해 판단하고 있으므로, 성급한 일반화의 오류를 범한 것이다. 성급한 일반화의 오류란 불충분한 통계 자료, 제한된 정보, 대표성을 결여한 자료 등을 부당하게 이용하여 특수한 사례를 일반화한 오류이다.

06 잘못된 인과 관계의 오류

해설 머리를 감은 것과 시험을 망친 것을 인과 관계로 잘못 파악하고 있으므로, 인과 관계의 오류를 범한 것이다. 인과 관계의 오류란 두 사건 사이에 인과 관계가 없음에도 단순히 시간상으로 선후 관계인 것을 인과 관계로 잘못 판단하는 오류이다.

실전 문제

01 정답 ④

해설 · 을의 논증을 기호화하면 다음과 같다.

| 1. 사유 → 행위 |
| 2. ~행위 → ~자유 의지 |
| ∴ 사유 → 자유 의지 |

1과, 2의 대우인 '자유 의지 → 행위'에 있는 [행위]가 둘 다 후건에 있기 때문에 [사유]와 [자유 의지]는 연결될 수 없으므로 '사유 → 자유 의지'라는 결론을 도출할 수 없다.

· 병의 논증을 기호화하면 다음과 같다.

| 1. 감수성 → 눈물 |
| 2. 운동선수 → ~감수성 |
| ∴ 운동선수 → ~눈물 |

1의 대우인 '~눈물 → ~감수성'과 2에 있는 [~감수성]이 둘 다 후건에 있기 때문에 [~눈물]과 [운동선수]는 연결될 수 없으므로 '운동선수 → ~눈물'이라는 결론을 도출할 수 없다.

오답 풀이 · 갑의 논증을 기호화하면 다음과 같다.

| 1. ~자격증 → ~합격 |
| 2. 25세 이하 → ~자격증 |
| ∴ 합격 → ~25세 이하 |

1과 2로부터 가언 삼단 논법에 의해 '25세 이하 → ~합격'이 도출된다. 따라서 이의 대우인 '합격 → ~25세 이하', 즉 '합격한 지원자는 모두 25세 이하가 아니다'는 타당한 논증이다.

02

정답 ①

해설 주어진 대화를 기호화하면 다음과 같다.

1. 도일 → ~미란
2. ㉠
∴ 도일 → 장미

1과 결론에 모두 [도일]이 있으므로 [~미란]과 [장미]를 연결해 줄 조건문이 필요하다. 따라서 '~미란 → 장미'가 추가되면 가언 삼단 논법에 의해 주어진 결론이 도출된다. 이는 단순 함축에 의해 '미란 ∨ 장미'와 동치이다.
따라서 '미란이가 용의자이거나 장미가 용의자인'이 ㉠에 들어가야 한다.

오답 풀이 ② '장미 → ~미란'은 1과 연결되지 못하므로 주어진 결론이 도출되지 않는다.
③ '~미란 ∨ ~장미'는 단순 함축에 의해 '미란 → ~장미'와 동치이다. 이의 대우인 '장미 → ~미란'은 1과 연결되지 못하므로 주어진 결론이 도출되지 않는다.
④ '장미 → 미란'의 대우인 '~미란 → ~장미'와 1에서 가언 삼단 논법에 의해 '도일 → ~장미'가 도출된다. 이는 주어진 결론과 다르다.

03

정답 ③

해설 제시문을 기호화하면 다음과 같다.

1. 갑 → 을
2. 갑 ∨ 병
3. ~정 → ~병
4. ~을

4로 인해 1의 후건이 부정되어 [~갑]이 도출된다. 그러면 2에서 선언지가 제거되어 [병]이 도출되고, 이로 인해 3의 후건이 부정되어 [정]이 도출된다.
따라서 [~갑], [~을], [병], [정]이므로, 동창회에 오는 사람은 '병, 정'이다.

04

정답 ③

해설 주어진 진술을 기호화하면 다음과 같다.

1. 포도 수확량 늘어남 → 포도 가격 내려감
2. 포도 소비량 늘어남 → 포도 수확량 늘어남
3. ~포도 수확량 늘어남 → ~와인 가격 내려감

[~포도 소비량 늘어남]일 때 주어진 진술로 얻을 수 있는 정보가 없다. [~포도 소비량 늘어남]일 때 2에서 [~포도 수확량 늘어남]이 도출된다고 보는 것은 전건 부정의 오류를 범한 것이다.
따라서 '~포도 소비량 늘어남 → ~와인 가격 내려감'이 참일지는 알 수 없다.

오답 풀이 ① [와인 가격 내려감]이 참이면 3의 후건이 부정되어 [포도 수확량 늘어남]이 도출된다. 그러면 1의 전건이 긍정되어 [포도 가격 내려감]이 도출된다. 따라서 반드시 참이다.
② [~포도 가격 내려감]이 참이면 1의 후건이 부정되어 [~포도 수확량 늘어남]이 도출된다. 그러면 3의 전건이 긍정되어 [~와인 가격 내려감]이 도출된다. 따라서 반드시 참이다.
④ [포도 수확량 늘어남]이 참이면 2의 후건이 부정되어 [~포도 소비량 늘어남]이 도출된다. 따라서 반드시 참이다.

05

정답 ②

해설 제시문을 기호화하면 다음과 같다.

1. SNS 이용 → 스트레스
2. ~운동 → SNS 이용
3. ㉠
∴ 운동a

1과 2로부터 가언 삼단 논법에 의해 '~운동 → 스트레스'가 도출된다. 여기에서 결론인 [운동a]를 도출하기 위해서는 후건이 부정되어야 한다. 즉 [~스트레스a]가 필요하다.
따라서 ㉠에는 '스트레스 수치가 높지 않은 대상자가 있다'가 들어가야 한다.

오답 풀이 ① '스트레스 → SNS 이용'이 추가되어도, 결론을 도출하기 위해 필요한 [~스트레스a]가 있는지 알 수 없다.
③ 'SNS 이용a'가 추가되면, 1에 따라 [스트레스a]만 알 수 있을 뿐 [운동a]라는 결론을 도출할 수 없다.
④ 'SNS 이용 → ~운동'이 추가되어도, 결론을 도출하기 위해 필요한 [~스트레스a]가 있는지 알 수 없다.

06

정답 ③

해설 제시문을 기호화하면 다음과 같다.

1. 등산a ∧ 축구a
2. 테니스 → 등산
3.
∴ 테니스a ∧ 축구a

1, 2는 연결되지 않는다. 그런데 1과 결론에 모두 [축구a]가 있으므로, 이때 [등산a]에서 [테니스a]를 이끌어 내 줄 전제가 필요하다. 즉 '등산 → 테니스'라는 전칭 명제가 전제로 추가되면 주어진 결론을 도출할 수 있다. 따라서 '등산을 좋아하는 사람은 모두 테니스를 좋아하는 사람이다'가 추가되어야 한다.

오답 풀이 ① '테니스a ∧ 등산a'가 추가되면, 2와 연결되어 '등산a ∧ 등산a'가 도출될 뿐이다.
② '축구a ∧ 등산a'는 교환 법칙에 따라 1과 동치인 명제이다.
④ '~테니스 → 등산'이 추가되면, 1, 2 어느 것과도 연결되지 않는다.

07
정답 ②

해설 제시문을 기호화하면 다음과 같다.

```
1. 갑 ∨ 병
2. 을 ∨ 정
3. 병 → ~정
4. 결정적 정보
─────────────
∴ 갑
```

[갑]을 도출하려면, 일단 1에서 선언지가 제거되어야 하므로 [~병]이 필요하다. [~병]을 도출하려면 3의 후건이 부정되어야 하므로 [정]이 필요하다. [정]을 도출하려면 2에서 선언지가 제거되어야 하므로 [~을]이 필요하다.
따라서 '을의 증언은 참이 아니다'가 결정적 정보이다.

오답 풀이 ① [병]이면 3의 전건이 긍정되어 [~정]이 도출되고, 이로 인해 2에서 선언지가 제거되어 [을]이 도출된다. 이 정보와 1만으로 [갑]을 도출할 수는 없다.
③·④ [~정]이면 2에서 선언지가 제거되어 [을]이 도출된다. 또한 '정 → 을'이 추가되면 2와 연결되어 '을 ∨ 을', 즉 [을]이 도출된다. [을]과 1, 3만으로 [갑]을 도출할 수는 없다.

08
정답 ③

해설 제시문을 기호화하면 다음과 같다.

```
1. 배
2. (버스 ∨ 기차)(배타적 선언)
3. ~비행기 → (~배 ∧ ~기차)
```

1로 인해 3의 후건이 부정되어 [비행기]가 도출된다. 또한 2는 [버스]와 [기차] 중 정확히 하나만 참이라는 의미이다.
따라서 [배], [비행기]이고 버스와 기차 중 단 하나를 탈 것이므로, 영희가 이용할 교통수단의 수는 '3개'이다.

09
정답 ②

해설 주어진 정보를 기호화하면 다음과 같다.

```
1. ~콜라비a ∧ 브로콜리a
2. 아스파라거스 → ~콜라비
3. 
─────────────
∴ 아스파라거스a ∧ 브로콜리a
```

1과 2는 연결되지 않는다. 1과 결론에 모두 [브로콜리a]가 있으므로 [~콜라비a]와 [아스파라거스a]를 연결할 전제가 필요하다. 즉 '~콜라비 → 아스파라거스'가 필요하다.
따라서 빈칸에는 '콜라비가 배송되지 않는 날에는 모두 아스파라거스가 배송됩니다'가 들어가야 적절하다.

오답 풀이 ① '브로콜리 → ~아스파라거스'가 추가되면 1과 연결되어 '~콜라비a ∧ ~아스파라거스a'가 도출되는데, 이는 주어진 결론과 다르다.
③ '~아스파라거스 → 브로콜리'가 추가되면, 2의 대우와 가언 삼단 논법에 의해 '콜라비 → 브로콜리'가 도출되는데, 이는 주어진 결론과 다르다.
④ '아스파라거스a ∧ ~콜라비a'가 추가되면, 2와 연결되어 [~콜라비]가 도출된다. 이는 주어진 결론과 다르다.

10
정답 ②

해설 제시문을 기호화하면 다음과 같다.

```
1. 축구 → 배드민턴
2. 배드민턴 → 테니스
3. ~축구 → 농구
4. 농구 → (축구 ∧ ~테니스)
```

3, 4로부터 가언 삼단 논법에 의해 '~축구 → (축구 ∧ ~테니스)'가 도출된다. 이는 '(~축구 → 축구) ∧ (~축구 → ~테니스)'와 같다. 여기서 연언지 단순화로 '~축구 → 축구'가 도출되는데, 이는 모순이므로 귀류법에 의해 [축구]가 도출된다. 이로 인해 1의 전건이 긍정되어 [배드민턴]이 도출되고, 그러면 2의 전건도 긍정되어 [테니스]가 도출된다. 또한 4의 후건이 부정되므로 [~농구]까지 도출된다.
따라서 [축구], [배드민턴], [테니스], [~농구]이므로, '포함되지 않는 종목은 농구뿐이다'가 참이다.

11
정답 ②

해설 제시문을 기호화하면 다음과 같다.

```
㉮ 색맹a ∧ 그림a
㉯ 그림 → 상상력
─────────────
∴ 
```

㉮에서 연언지 단순화로 [색맹a], [그림a]가 도출된다. [그림a]로 인해 ㉯의 전건이 긍정되어 [상상력a]가 도출되고, 이를 [색맹a]와 연언화하면 '상상력a ∧ 색맹a'가 도출된다.
따라서 '상상력이 풍부한 어떤 사람은 색맹이다'가 결론으로 가장 적절하다.

12
정답 ②

해설 '시민권이 없다면 투표할 수 없지만, 투표할 수 있다면 시민권이 있는 것이다'는 곧 '투표 → 시민권'을 뜻한다. 즉 [시민권]이 [투표]의 필요조건임은 알 수 있으나, 충분조건인지는 알 수 없다. 따라서 필요충분조건이라고 보는 것은 옳지 않다.

오답 풀이 ① '오직 키가 큰 사람만이 패션모델이 될 수 있다'는 '패션모델 → 큰 키'로 기호화할 수 있다. 따라서 [큰 키]는 [패션모델]의 필요조건이다.
③ 열의 이동이 열의 동력을 얻기 위해 필요한 조건이라면, '열의 동력 → 열의 이동'으로 기호화할 수 있다. 따라서 그 대우인 '~열의 이동 → ~열의 동력'은 참이다.
④ '좋은 물 → 깨끗한 물'과 '건강한 물 → 좋은 물'로부터 가언 삼단 논법에 의해 '건강한 물 → 깨끗한 물'이 타당하게 도출된다.

13
정답 ③

해설 제시문을 기호화하면 다음과 같다.

```
㉮ 음악 → ~그림
㉯ 수학a ∧ 음악a
─────────────
∴ 
```

㉯에서 연언지 단순화로 [수학a], [음악a]가 도출된다. [음악a]로 인해 ㉮의 전건이 긍정되어 [~그림a]가 도출되고, 이를 [수학a]와 연언화하면 '수학a ∧ ~그림a'가 도출된다.
따라서 '수학에 뛰어난 소질을 보이는 어떤 사람은 그림에 뛰어난 소질을 보이는 사람이 아니다'가 결론으로 가장 적절하다.

14 정답 ③

해설 ㉠~㉣을 기호화하면 다음과 같다.

> ㉠ 지우 4층 ∨ 현우 3층
> ㉡ ~민우 1층 → 철우 2층
> ㉢ 민우 1층 → ~지우 4층
> ㉣ ~철우 2층

㉣로 인해 ㉡의 후건이 부정되어 [민우 1층]이 도출된다. 이로 인해 ㉢의 전건이 긍정되어 [~지우 4층]이 도출된다. 이로 인해 ㉠에서 선언지가 제거되어 [현우 3층]까지 도출된다. 즉 [~철우 2층], [민우 1층], [~지우 4층], [현우 3층]이므로, 지우는 2층, 철우는 4층에 산다는 것을 알 수 있다.
따라서 '현우는 철우보다 위층에 살고 있지 않다'가 반드시 참이다.

1층	2층	3층	4층
민우	지우	현우	철우

15 정답 ③

해설 제시문을 기호화하면 다음과 같다.

> 1. ~갑 → 을
> 2. ~을 → (정 ∨ 무)
> 3. (갑 ∨ 무) → 병
> 4. ~을

4로 인해 1의 후건이 부정되어 [갑]이 도출된다. 이로 인해 3의 전건도 긍정되어 [병]이 도출된다. 또한 4로 인해 2의 전건이 긍정되어 '정 ∨ 무'가 도출된다. 이때 정이나 무 중 누가 찬성할지는 알 수 없으나, 배타적 선언 관계이므로 단 한 명만 찬성할 것이라는 것은 알 수 있다.
따라서 [갑], [병], 그리고 [정]이나 [무] 중 한 명이므로, 찬성한 사람은 총 '3명'이다.

16 정답 ③

해설 제시문을 기호화하면 다음과 같다.

> 1. 겨울a ∧ 여름a
> 2. ~가을 → ~봄
> 3. 여름 → 봄

2의 대우인 '봄 → 가을'과 3으로부터 가언 삼단 논법에 의해 '여름 → 가을'이 도출된다. 1에서 연언지 단순화로 [겨울a], [여름a]가 도출된다. [여름a]로 인해 '여름 → 가을'의 전건이 긍정되어 [가을a]가 도출되고, 이를 [겨울a]와 연언화하면 '겨울a ∧ 가을a'가 도출된다.
따라서 '겨울을 좋아하는 어떤 사람은 가을을 좋아한다'가 반드시 참이다.

오답 풀이 ① 1에서 '겨울a ∧ 여름a'임을 알 수 있을 뿐, '여름 → 겨울'이 참인지는 알 수 없다.
② 2와 3으로부터 '여름 → 가을'이 도출될 뿐, '가을 → 여름'이 참이라고 말할 수는 없다. 이는 후건 긍정의 오류를 범한 것이다.
④ 1과 3으로부터 '겨울a ∧ 봄a'가 도출될 뿐, '~겨울a ∧ ~봄a'가 참인지는 알 수 없다.

17 정답 ③

해설 제시문을 기호화하면 다음과 같다.

> 1. 질문지 ∨ 면접
> 2. 면접 → 박 연구
> 3. 박 연구 → ~박 학과장
> 4. ____
> ∴ ~박 학과장

[~박 학과장]을 도출하려면 3의 전건이 긍정되어야 하므로 [박 연구]가 필요하다. [박 연구]를 도출하려면 2의 전건이 긍정되어야 하므로 [면접]이 필요하다. [면접]은 1에서 선언지가 제거되면 도출되므로 [~질문지]가 필요하다.
따라서 '질문지 조사 방법이 선택되지 않는다'가 추가되어야 할 전제이다.

오답 풀이 ④ '질문지 → ~박 연구'가 추가되면 1, 2와 연결되어 '~박 연구 ∨ 박 연구'가 도출될 뿐이다. 둘 중 어느 것이 참일지는 알 수 없으므로, 주어진 결론이 도출되지 않는다.

18 정답 ③

해설 주어진 대화를 기호화하면 다음과 같다.

> 1. ~붉은색 → ~A
> 2. B → 연기
> 3. A ∨ B
> 4. ㉠
> ∴ 붉은색

1의 대우인 'A → 붉은색'과 2, 3으로부터 양도 논법에 의해 '붉은색 ∨ 연기'가 도출된다. 여기서 결론으로 [붉은색]을 도출하는 방법은 두 가지이다. '붉은 색 ∨ 연기'에서 [~연기]이면 선언지가 제거되어 [붉은 색]이 도출된다. 또한 [A]가 추가되면 1의 후건이 부정되어 [붉은 색]이 도출된다. 즉 [~연기]나 [붉은 색]을 추가하면 되는데, 선택지에는 [~연기]가 있다.
따라서 '종이에서 연기가 나지 않았다'가 ㉠에 들어가야 적절하다.

오답 풀이 ① [연기]일 때 새롭게 도출할 수 있는 사실이 없다.
② [B]이면 2에서 전건 긍정에 의해 [연기]만 도출될 뿐이다.
④ [~A]라면 3에서 선언지 제거에 의해 [B]가 도출되고, 이어 2에서 [연기]까지 도출될 뿐이다.

19
정답 ③

해설 제시문을 기호화하면 다음과 같다.

```
1. 매니저a ∧ ~신입a
2. _____
∴ 20대a ∧ ~신입a
```

[~신입a]는 전제와 결론에 모두 있으므로 [매니저a]와 [20대a]를 연결해 주어야 한다. 즉 '매니저 → 20대'라는 전제가 필요하다.
따라서 '매니저는 모두 20대이다'가 전제 2에 들어가야 한다.

오답 풀이 ①·④ 1이 특칭 명제이므로 2에는 특칭 명제가 들어갈 수 없다.

20
정답 ①

해설 제시문을 기호화하면 다음과 같다.

```
1. 듣기a ∧ 말하기a
2. ~쓰기 → ~말하기
```

1에서 연언지 단순화로 [듣기a], [말하기a]가 도출된다. [말하기a]로 인해 2의 후건이 부정되어 [쓰기a]가 도출되고, 이를 [듣기a]와 연언화하면 '듣기a∧쓰기a'가 도출된다.
따라서 '듣기를 신청한 학생 중 몇 명은 쓰기를 신청하였다'가 반드시 참이다.

PART 2 독해를 위한 문법 개념

01 언어의 기호적 특성

최우선 문제

1. 자의성	2. 사회성	3. 역사성
4. 분절성	5. 개방성	6. 추상성

OX 문제

01 ○ 인간이 동물과 달리 기존의 단어를 배열하여 새로운 문장을 만들어 낼 수 있다는 것은 언어의 창조성과 관련이 있다.

02 ○ '부추'의 의미는 동일하지만 지역마다 다른 이름으로 불리는 것으로 언어의 자의성을 확인할 수 있다.

03 ○ '무궁화, 진달래, 개나리' 등에서 '꽃'이라는 공통 개념을 묶어 낸 것은 언어의 추상성과 관련이 있다.

실전 문제

정답 ①

해설 같은 언어 안에도 다양한 방언 형태가 존재하는 것은, 하나의 언어 의미에 다양한 말소리가 나타난다는 의미이다. 이는 말소리와 의미 간에 필연적 관계가 없다는 것을 의미하므로, 언어의 자의성을 보여 주는 사례로 적절하다.

오답 풀이 ② 언어의 사회성은 언어에서 형식과 내용의 관계에 대한 사회적 약속은 한번 정해지면 개인이 쉽게 바꿀 수가 없다는 것이다. 대화 대상에 따라 다른 표현을 사용하는 사례는 이와 무관하다.
③ 언어의 역사성은 언어는 시간의 흐름에 따라 끊임없이 변화한다는 것이다. 유행어가 시간이 지나도 표준어로 인정되지 않는 사례는 이와 무관하다.
④ 언어의 추상성은 언어 형식은 수많은 구체적 대상이 가진 공통적인 속성을 개념화하여 표현한 것임을 의미한다. 줄임말이 끊임없이 만들어지고 있는 현상은 이와 무관하다.

02 국어의 음운 체계

OX 문제

01 ○

02 ○ '입안이나 목청 사이의 통로를 좁혀서 공기가 그 사이를 비집고 나오는 소리'는 '마찰음'으로 'ㅅ, ㅆ, ㅎ'이 있다. '사탕'의 첫 음절의 자음은 'ㅅ'이므로 이에 해당한다.

실전 문제

정답 ③

해설 최소 대립쌍이란 하나의 음운에 의해서만 의미가 구별되는 단어들의 쌍을 말한다. 〈보기〉에서 최소 대립쌍을 찾으면, '구름-기름'에서 'ㅜ-ㅣ', '포도-보도'에서 'ㅍ-ㅂ', '추대-무대'에서 'ㅊ-ㅁ'에 의해 뜻이 구별되므로 이 단어들이 최소 대립쌍이다. 그런데 '바다'와 '보도'는 '바'와 '보'의 'ㅏ, ㅗ', '다'와 '도'의 'ㅏ, ㅗ'에 차이가 있어 한 가지 요소에 의해서만 의미가 구별되는 것이 아니다. 따라서 최소 대립쌍이 아니다.

오답 풀이 ① 추출된 음운 중 파열음은 'ㅂ, ㅍ' 2개, 파찰음은 'ㅊ' 1개이다.
② 입술소리이면서 비음인 것은 'ㅁ' 1개이다.
④ 추출할 수 있는 음운의 개수는 'ㅜ-ㅣ', 'ㅍ-ㅂ', 'ㅊ-ㅁ'으로, 6개이다.

03 국어의 음운 변동

최우선 문제
① 부억 ② 궁물 ③ 밤만 ④ 실라 ⑤ 해도지
⑥ 국빱 ⑦ 나카 ⑧ 박따 ⑨ 얄:따 ⑩ 한녀름

OX 문제
01 O '흙하고'는 [흑하고](자음군 단순화-탈락) → [흐카고](자음 축약-축약)'로 발음되므로 탈락과 축약, 두 가지의 음운 변동 유형이 나타난다.

02 X '늑막염'은 [능막염](비음화-교체) → [능막념](ㄴ 첨가-첨가) → [능망념](비음화-교체)'으로 발음된다. 교체 및 첨가가 일어나며 음운의 개수는 1개 늘어난다.

실전 문제
정답 ③
출전 국립국어원, 〈표준 발음법〉 제18항 해설, 수정
해설 2문단에 따르면, '읊는[읖는 → 읍는 → 음는]'의 겹받침 'ㄿ'은 대표음 [ㅂ]으로 발음된다. 그러면 'ㅂ'이 뒤의 비음인 'ㄴ'의 영향을 받아 'ㅁ'으로 발음되는 비음화 현상이 나타난다.

오답 풀이 ① 비음화 현상은 음절의 종성 제약과 관련된 음운 변동이 일어난 후에 적용된다. '흙만'은 겹받침의 자음 중 하나가 탈락하는 [흑만]이 먼저 일어난 뒤에, 'ㄱ'이 'ㅁ' 앞에서 'ㅇ'으로 변하는 비음화 현상이 나타나 [흥만]으로 발음되는 것이다.
② '젖멍울[전멍울 → 전멍울]'의 종성 'ㅈ'은 [ㄷ]으로 발음된다. 이 'ㄷ'이 뒤의 'ㅁ'의 영향을 받아 비음인 'ㄴ'으로 바뀌는, 비음화 현상이 나타난다.
④ 비음화 현상은 받침 'ㄱ, ㄷ, ㅂ' 뒤에 비음인 'ㄴ, ㅁ'이 올 때 나타난다. 즉 '놓는'에는 'ㅎ[ㄷ]' 받침 뒤에 비음인 'ㄴ'이 오기 때문에 비음화 현상이 나타나는 것이다.

04 용언의 활용

최우선 문제
1. ① 나는 ② 바빠
2. ① 지어 ② 실어 ③ 고와 ④ 흘러 ⑤ 퍼 ⑥ 하여
   ⑦ 이르러 ⑧ 다오 ⑨ 파래

OX 문제
01 O
02 O '흐르다'는 '흘러-흐르니'로 활용하는 '르' 불규칙 용언이다. '르' 불규칙 용언은 어간의 끝음절 '르'가 어미 '-아', '-어' 앞에서 'ㄹㄹ'로 바뀌는 불규칙 활용을 하므로 어간이 불규칙하게 바뀌는 경우에 해당한다.

03 X '이르러(이르다)'는 '이르러-이르니'로 활용하는 '러' 불규칙 용언이다. '러' 불규칙 용언은 어미의 첫소리 '-어'가 '-러'로 바뀌는 불규칙 활용을 한다. 반면, '치러야(치르다)'는 '치러-치르니'로 활용하는 'ㅡ' 탈락 용언이다. 'ㅡ' 탈락 용언은 어간의 'ㅡ'가 어미 '-아'나 '-어' 앞에서 탈락하는 규칙 활용을 한다.

실전 문제
정답 ②
출전 이관규, 《국어 교육을 위한 국어 문법론》, 수정
해설 '걸으는(×)'은 '걷는'을 잘못 표기한 것으로 기본형은 '걷다'이다. '걷다'는 '걸어-걸으니-걷는'과 같이 활용하는 'ㄷ' 불규칙 용언이므로 규칙 활용을 하는 'ㄹ' 탈락 현상을 따른다는 추론은 적절하지 않다.

오답 풀이 ① '잠그다'는, 2문단의 '따르-+-아 → 따라'와 마찬가지로 '잠그-+-아 → 잠가'로 활용하는 'ㅡ' 탈락 용언으로, 'ㅡ' 탈락 용언은 규칙 활용을 한다.
③ 'ㅂ' 불규칙 용언은 어간의 'ㅂ'이 이유 없이 반모음 '오/우'로 바뀐다. '눕다' 또한 '눕-+-어 → 누워'와 같이 어간의 받침 'ㅂ'이 반모음 '우'로 바뀌므로, 'ㅂ' 불규칙 활용을 한다는 추론은 적절하다.
④ 'ㅎ' 불규칙 활용은 '좋다'를 제외하고 어간이 'ㅎ'으로 끝나는 모든 형용사에서 발견된다. 따라서 동사 '놓다'는 'ㅎ' 불규칙 활용을 하지 않는다는 추론은 적절하다.

05 조사

최우선 문제
① 이/가, 께서, 인원수+서, 단체+에서
② 이다 ③ 을/를 ④ 이/가 ⑤ 의

OX 문제
01 O
02 X '철수는 학원에서 공부를 한다'의 '에서'는 장소를 뜻하는 부사격 조사이다. 그러나 '이번 계약은 우리 부서에서 맡기로 했다'의 '에서'는 단체를 나타내는 명사 뒤에 붙어 앞말이 주어임을 나타내는 주격 조사이다.

03 X '는'과 '은'은 모두 주격 조사 자리에 쓰였지만 보조사이다. 보조사는 격 조사가 오는 자리에 두루 쓰인다.

실전 문제

정답 ②

출전 임지룡 외, 《학교 문법과 국어 교육》, 수정

해설 2문단에 따르면, 접속 조사 '와'로 연결된 문장인 '나는 사과와 배를 좋아한다'는 '나는 사과를 좋아한다'와 '나는 배를 좋아한다'로 나눌 수 있다. 이와 마찬가지로, '철수와 영수는 영어를 잘한다'는 '철수는 영어를 잘한다'와 '영수는 영어를 잘한다'의 두 문장으로 분리할 수 있으며, 이때의 '와'는 접속 조사이다.

오답 풀이 ① 1문단에 따르면, '우리 학교에서 우승을 차지했다'의 '에서'는 주격 조사이다. '회사에서'의 '에서' 또한 '회사'에 주어의 자격을 부여하는 주격 조사이다.
③ 마지막 문단에 따르면, 보조사 '는'은 앞 체언에 '대조'의 의미를 더하는 기능을 한다. '국어는'의 '는' 또한 영희가 국어를 좋아하지만 다른 과목은 좋아하지 않는다는 의미를 더해 준다.
④ 마지막 문단에 따르면, 문법적 관계는 격 조사가 담당한다. 따라서 '나만의'에서 문법적 자격을 부여하는 것은 관형격 조사인 '의'이다.

06 단어의 형성

최우선 문제

2. (1) 파생어   (2) 합성어   ① 통사적 합성어   ② 비통사적 합성어

OX 문제

01 ✗ '회덮밥'은, 관형사형 어미가 생략된 비통사적 합성어인 '덮밥'에 새로운 어근 '회'가 결합한 합성어이다.

02 ○ '높푸르다'는 용언을 이어 주는 연결 어미가 생략된 비통사적 합성어이다.

03 ○ · 코웃음[코+(웃-+-음)]: 명사를 만드는 접미사 '-음'이 결합한 파생어 '웃음'에 새로운 어근 '코'가 결합한 합성어
· 줄넘기[줄+(넘-+-기)]: 명사를 만드는 접미사 '-기'가 결합한 파생어 '넘기'에 새로운 어근 '줄'이 결합한 합성어

실전 문제

정답 ④

해설 ㉠ 1문단에 따르면, 직접 구성 요소를 분석한 결과, 둘 중 하나가 접사이면 파생어이다. '쓴웃음'에는 접사 '-음'이 있으니까 ㉠이라는 문맥이므로, ㉠에는 '파생어'가 들어가야 한다.
㉡ '웃음'은 파생어이지만 '쓴웃음'이라는 단어 형성에 참여할 때는 ㉡으로 참여하는 것이므로 '쓴웃음'이 파생어가 아니라는 문맥이다. 1문단에 따르면, 합성어는 '어근+어근'의 구성이므로, ㉡에는 '어근'이 들어가야 한다.

07 문장 성분의 갈래

최우선 문제

① 주어   ② 부사어   ③ 보어   ④ 주어

OX 문제

01 ✗ '시골의'는 '시골(체언)+의(관형격 조사)'의 형태로, 뒤에 오는 체언 '풍경'을 수식하는 관형어이다. '군인인' 또한 '군인(체언)+이(서술격 조사)+-ㄴ(관형사형 어미)'의 형태로, 뒤에 오는 체언 '형'을 수식하는 관형어이다.

02 ○ 두 문장 모두 '밥도(밥을) 안 먹다', '물만(물을) 주다'와 같이 보조사 자리에 목적격 조사가 들어가는 것이 자연스러우므로, '밥도'와 '물만'의 문장 성분은 둘 다 목적어이다.

03 ✗ '할아버지도'는 문장에서 주어로 쓰였다. 보조사 '도'가 붙었지만 그 자리에 격 조사를 넣어 보면 쉽게 문장 성분을 구별할 수 있다. 그러나 '되다' 앞에 놓인 '학자가'는 보어이다.

실전 문제

정답 ②

출전 임지룡 외, 《학교 문법과 문법 교육》, 수정

해설 '정부에서'의 '에서'는 단체를 나타내는 명사 뒤에 붙어 앞말이 주어임을 나타내는 주격 조사이므로 '정부에서'는 주어이다. 그러나 '침대에서'의 '에서'는 부사격 조사이므로 '침대에서'는 부사어이다.

오답 풀이 ① 주성분에는 주어, 서술어, 목적어, 보어가 있다. '정부에서 ~ 방출하였다'의 주성분의 개수는 '정부에서(주어), 비축미를(목적어), 방출하였다(서술어)'로 3개이다. 그러나 '아이가 ~ 자고 있다'의 주성분의 개수는 '아이가(주어), 자고 있다(서술어)'로 2개이다.
③ 부속 성분에는 부사어, 관형어가 있다. '아이가 자고 있다'의 부속 성분의 개수는 '침대에서(부사어), 예쁘게(부사어)'로 2개이고, '나의 꿈이 물거품으로 되어 버렸다' 또한 부속 성분의 개수는 '나의(관형어), 물거품으로(부사어)'로 2개이다.
④ '올챙이는 자라서 개구리가 된다'의 '개구리가'는 보어로 주성분이지만, '나의 꿈이 물거품으로 되어 버렸다'의 '물거품으로'는 부사어로 부속 성분이다. '되다, 아니다' 앞에 오는 성분은 무조건 보어로 생각하기 쉽다. 그러나 '이, 가'는 보격 조사로 쓰이지만, '으로'는 부사격 조사로 쓰이기 때문에 주의해야 한다.

08 문장의 종류

최우선 문제

① 대등하게   ② 종속적으로   ③ 주어/목적어/관형어/부사어
④ 주어+(주어+서술어)   ⑤ 관계   ⑥ 동격

OX 문제

01 ✗ '[내가 어제 책을 산] 서점은 우리 집 옆에 있다'는 관형절을 안은 문장이므로 겹문장이다. 주어와 서술어의 관계가 한 번만 이루어지는 문장은 홑문장이다.

02 ✗ '아이들이 놀다 간'이라는 안긴문장이, 뒤에 오는 체언인 '자리'를 수식하는 관형어의 역할을 한다. 관형어는 부속 성분이다.

03 ✗ '나는 밥을 먹고 학교에 갔다'에서 '-고'는 시간의 선후 관계가 존재하여 행위를 시간 순서에 따라 연결함을 나타내는 종속적 연결 어미로 사용되었다. 따라서 이 문장은 종속적으로 이어진 문장이다.

실전 문제

정답 ④

해설 철수는 [동생이 합격하기]를 바라고 있다.: 명사절로 안긴 문장인 '동생이 합격하기'가 목적격 조사 '를'과 결합하여 안은문장의 목적어로 쓰이고 있다.

오답 풀이 ① [예쁜] 꽃이 활짝 피었다.: '예쁜'은 뒤의 체언 '꽃'을 꾸미는 관형어로 주어 '꽃이'가 생략된 형태이다. 즉 이 문장은 관형절을 안은 문장으로 주어와 서술어의 관계가 두 번 나타난다.

② 형은 [그 아이가 정직함]을 믿었다.: 안은문장의 주어는 '형은'이고, 명사절로 안긴 문장인 '그 아이가 정직함'의 주어는 '그 아이가'이므로 안은문장의 주어와 안긴문장의 주어는 서로 다르다.

③ [영희는 책을 좋아한다]고 나에게 말했다.: 인용절 중에서 '고'가 쓰인 것은 말하는 사람의 표현으로 바꾸어 인용하는 간접 인용절이다.

09 사동 표현·피동 표현

OX 문제

01 ○ '다리를 물렸다'의 '물렸다(물리다)'는, '윗니와 아랫니 사이에 끼인 상태로 상처가 날 만큼 세게 누르다'의 의미로, '물다'의 피동사이다.

02 ✗ 놓여진(×) → 놓인(○): '놓여진(×)'은 피동 접사 '-이-' 뒤에 다시 통사적 피동문의 표현인 '-어지다'를 사용한, 이중 피동의 오류를 보이는 표현이다.

03 ✗ '아이가 책을 읽다'의 '읽다'는 두 자리 서술어이지만, 사동문인 '아빠가 아이에게 책을 읽히다'의 '읽히다'는 세 자리 서술어이다. 이렇듯 주동문이 사동문으로 바뀔 때에는 서술어의 자릿수가 변할 수 있다.

실전 문제

정답 ③

출전 임지룡 외, 《학교 문법과 문법 교육》

해설 3문단에 따르면, '-어지다'에 의해 만들어지는 피동은 통사적 피동이다. '써지다'는 '쓰다'의 어간 '쓰-'에 '-어지다'가 붙어 피동이 된 것이므로, 통사적 피동이다.

오답 풀이 ① 3문단에 따르면, '-게 되다'에 의해 피동이 만들어지는 것을 통사적 피동이라고 한다. '드러나게 되다'는 '드러나다'에 '-게 되다'가 붙어 피동이 된 것이므로 통사적 피동이다.

② 2문단에 따르면, 수여 동사, 경험 동사, '-하다' 동사 등은 피동사가 없는 능동사이다. 따라서 '-하다' 동사인 '사랑하다', 수여 동사인 '드리다', 경험 동사인 '배우다'는 모두 피동사가 없는 능동사이다.

④ 1문단의, 능동문이 피동문으로 바뀔 때, 능동문의 목적어는 피동문의 주어가 되고, 능동문의 주어는 피동문의 부사어가 된다는 내용에서 알 수 있다.

10 높임 표현

최우선 문제

1. ① 간접 높임　② 직접 높임　③ 주어
2. 부사어　3. 청자

OX 문제

01 ○ · 주체인 '나(내가)'에 대한 높임이 나타나지 않으므로 [주체 -]이다.
· '선생님께'에서 '께'라는 객체 높임을 나타내는 조사가 쓰였고, '드렸다'에서 '드리다'와 같이 특수 어휘가 사용되었으므로 [객체 +]이다.
· 상대 높임은 주로 종결 어미로 표현되는데 '드렸다'의 '-다'는 반말체(반말 격식 해라체)이다. 제시문에 '반말체는 -'로 표시하라는 조건이 있으므로 [상대 -]이다.

02 ○ '주십시오'의 '-십시오'는 정중한 명령이나 권유를 나타내는 종결 어미로, 청자인 '여러분'을 높이는 표현이다.

실전 문제

정답 ③

해설 ㉠ '간접 존경'은 주체 높임법 중 간접 높임을 말한다. 문장의 주체와 밀접하게 연관이 있는 주어를 높임으로써 주체를 간접적으로 높이는 표현법이다. '아버지가 너무 건강을 염려하시다'에서 주어는 '아버지'이고 서술어인 '염려하시다'는 '염려하다'에 주체 높임 선어말 어미 '-시-'가 쓰인 것이다. 따라서 ㉠ '간접 존경'이 아니라 주어를 직접 존경하는 직접 존경이 쓰인 것이다. 나머지 ①·②·④는 모두 ㉠의 사례에 해당한다.

오답 풀이 ① 고모는 자식이 있으시다: '자식'이 주어이지만 존경의 대상인 '고모'와 긴밀한 관련을 가지는 인물이므로 '있다'가 아니라 '있으시다'로 간접 존경 표현을 했다.

② 할머니는 다리가 아프셔서: '다리'가 주어이지만 존경의 대상인 '할머니'와 긴밀한 관련을 가지는 신체 부위이므로 '아프다'가 아니라 '아프시다'로 간접 존경 표현을 했다.

④ 할아버지는 수염이 많으셨다고: '수염'이 주어이지만 존경의 대상인 '할아버지'와 긴밀한 관련을 가지는 신체 부위이므로 '많다'가 아니라 '많으시다'로 간접 존경 표현을 했다.

새로운 도서,
다양한 자료
동양북스 홈페이지에서
만나보세요!

www.dongyangbooks.com
m.dongyangbooks.com

홈페이지 도서 자료실에서 학습자료 및 MP3 무료 다운로드

PC

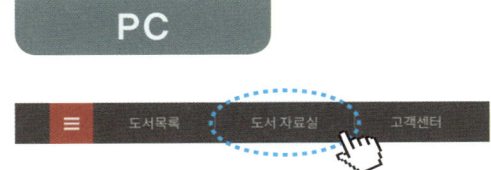

❶ 홈페이지 접속 후 **도서 자료실** 클릭
❷ 하단 검색 창에 검색어 입력
❸ MP3, 정답과 해설, 부가자료 등 첨부파일 다운로드
* 원하는 자료가 없는 경우 '요청하기' 클릭!

MOBILE

* 반드시 '인터넷, Safari, Chrome' App을 이용하여 홈페이지에 접속해주세요. (네이버, 다음 App 이용 시 첨부파일의 확장자명이 변경되어 저장되는 오류가 발생할 수 있습니다.)

❶ 홈페이지 접속 후 ≡ 터치

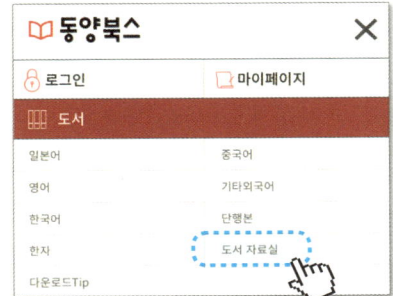

❷ 도서 자료실 터치

❸ 하단 검색창에 검색어 입력
❹ MP3, 정답과 해설, 부가자료 등 첨부파일 다운로드
* 압축 해제 방법은 '다운로드 Tip' 참고

미래와 통하는 책

가장 쉬운 독학
일본어 첫걸음
14,000원

버전업! 굿모닝
독학 일본어 첫걸음
14,500원

일단 합격하고 오겠습니다
JLPT 일본어능력시험 N3
26,000원

일본어 100문장 암기하고
왕초보 탈출하기
13,500원

가장 쉬운 독학
중국어 첫걸음
14,000원

가장 쉬운 중국어
첫걸음의 모든 것
14,500원

일단 합격 新HSK
한 권이면 끝! 4급
24,000원

중국어
지금 시작해
14,500원

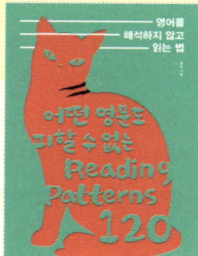
영어를 해석하지 않고
읽는 법
15,500원

미국식
영작문 수업
14,500원

세상에서 제일 쉬운
10문장 영어회화
13,500원

영어회화
순간패턴 200
14,500원

가장 쉬운 독학
베트남어 첫걸음
15,000원

가장 쉬운 독학
프랑스어 첫걸음
16,500원

가장 쉬운 독학
스페인어 첫걸음
15,000원

가장 쉬운 독학
독일어 첫걸음
17,000원

동양북스 베스트 도서

THE GOAL 1
22,000원

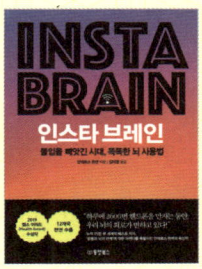
인스타 브레인
15,000원

직장인, 100만 원으로 주식투자 하기
17,500원

당신의 어린 시절이 울고 있다
13,800원

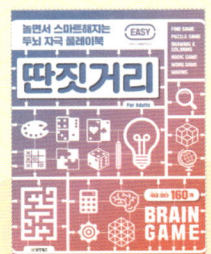
놀면서 스마트해지는 두뇌 자극 플레이북 딴짓거리 EASY
12,500원

죽기 전까지 병원 갈 일 없는 스트레칭
13,500원

가장 쉬운 독학 이세돌 바둑 첫걸음
16,500원

누가 봐도 괜찮은 손글씨 쓰는 법을 하나씩 하나씩 알기 쉽게
13,500원

가장 쉬운 초등 필수 파닉스 하루 한 장의 기적
14,000원

가장 쉬운 알파벳 쓰기 하루 한 장의 기적
12,000원

가장 쉬운 영어 발음기호 하루 한 장의 기적
12,500원

가장 쉬운 초등한자 따라쓰기 하루 한 장의 기적
9,500원

세상에서 제일 쉬운 엄마표 생활영어
12,500원

세상에서 제일 쉬운 엄마표 영어놀이
13,500원

창의쑥쑥 환이맘의 엄마표 놀이육아
14,500원

동양북스
www.dongyangbooks.com
m.dongyangbooks.com

YouTube  를 검색하세요

https://www.youtube.com/channel/UC3VPg0Hbtxz7squ78S16i1g

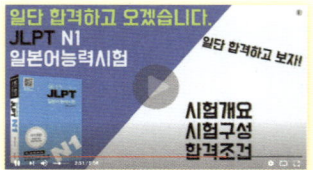  

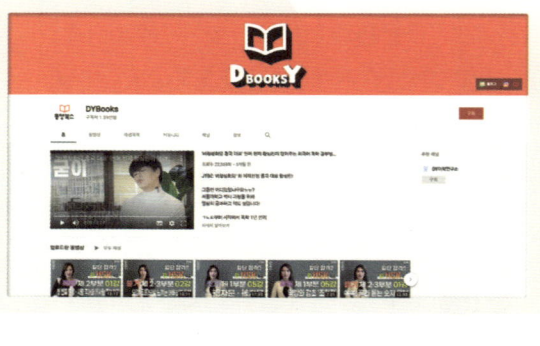

JLPT

HSK

제2 외국어

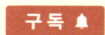

동양북스는 모든 외국어 강의영상을 무료로 제공하고 있습니다.
동양북스를 구독하시고 여러가지 강의 영상 혜택을 받으세요.

https://m.post.naver.com/my.nhn?memberNo=856655

NAVER 동양북스 포스트

를 팔로잉하세요

동양북스 포스트에서 다양한 도서 이벤트와
흥미로운 콘텐츠를 독자분들에게 제공합니다.

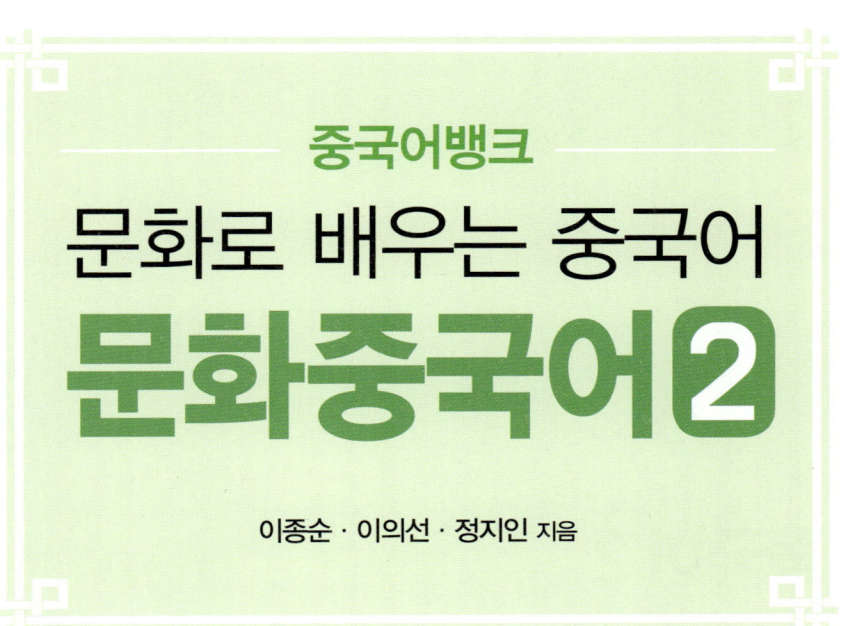

중국어뱅크

문화로 배우는 중국어

문화중국어 ❷

이종순·이의선·정지인 지음

동양북스

중국어뱅크
문화중국어 2

초판 3쇄 | 2021년 9월 25일

지은이 | 이종순, 이의선, 정지인
발행인 | 김태웅
편　집 | 신효정, 양수아
디자인 | 남은혜, 신효선
마케팅 | 나재승
제　작 | 현대순

발행처 | ㈜동양북스
등　록 | 제 2014-000055호(2014년 2월 7일)
주　소 | 서울시 마포구 동교로22길 14(04030)
구입 문의 | 전화 (02)337-1737　팩스 (02)334-6624
내용 문의 | 전화 (02)337-1762　dybooks2@gmail.com

ⓒ 2017, 이종순, 이의선, 정지인

ISBN 979-11-5768-286-7 14720
ISBN 979-11-5768-245-4 14720(세트)

▶ 본 책은 저작권법에 의해 보호를 받는 저작물이므로 무단 전재와 복제를 금합니다.
▶ 잘못된 책은 구입처에서 교환해드립니다.
▶ 도서출판 동양북스에서는 소중한 원고, 새로운 기획을 기다리고 있습니다.
　　www.dongyangbooks.com

이 도서의 국립중앙도서관 출판예정도서목록(CIP)은 서지정보유통지원시스템 홈페이지(http://seoji.nl.go.kr)와
국가자료공동목록시스템(http://www.nl.go.kr/kolisnet)에서 이용하실 수 있습니다.
(CIP제어번호:CIP2017020865)

다민족 국가로서 다양성이 공존하고, 유가, 도가의 전통이 여전히 정신적 세계를 지배하고 있으며, 사회주의 정치 구조가 새로운 삶의 패러다임을 형성시킨 중국. 14억 '인구 대국'이자, G2로 부상한 '경제 대국'으로서 우리에게 하나의 기회이자 도전의 대상이 된 중국.

이제 중국을 설명할 수 있는 키워드는 너무도 많습니다. 하지만 이런 중국에 대해 우리는 얼마나, 그리고 제대로 알고 있는지요? 이런 중국에 대해 우리는 어떤 준비를 하고 있는지요?

그들을 알기 위해서, 그들과 제대로 소통하고 교류하기 위해서는 먼저 중국어를 알아야 할 것입니다. 아울러 중국인들의 일상생활 곳곳에 스며있는 문화 및 그 문화에 담겨 있는 중국인들의 생각에 대해서도 알아야 할 것입니다.

본 교재는 학습자들이 중국어 학습은 물론이고 중국인과 중국문화도 이해할 수 있는 일거양득의 효과를 노렸습니다. 이에 중국의 상식적인 문화를 주제별로 선별해 일상생활과 밀접한 회화를 구성했습니다.

회화문 학습 전에 각 과의 주제에 맞는 문화 이야기를 자세히 설명하고, 이어 주제별 토론 과제를 제시함으로써 중국 문화에 대한 호기심과 학습 동기를 불러일으키고자 했습니다. 본 구성은 이론으로 습득된 문화 내용을 중국어로 말할 수 있도록 자연스럽게 연계시키고자 한 것입니다.

본문은 총 12과로 구성되어 있습니다. 중국의 음식 문화, 중국의 음주 문화, 중국의 입시와 취업, 중국의 여성과 '주링허우', 중국의 결혼 문화, 중국의 문학, 중국의 예술, 중국의 주거 문화, 중국의 공유 문화, 중국의 대중교통, 중국의 과학 기술, 중국의 경제 문화 등 학습자가 중국에서 생활하면서 접할 수 있는 문화와 관련된 회화를 주제별로 구성하여 실용적인 중국어를 학습하도록 했습니다.

문장 말하기는 본문 내용을 따라 읽으면서 배운 부분을 다시 한 번 복습하고 또 응용 문장 연습을 통해 다양한 회화를 익히도록 구성했습니다. 문장 쓰기는 녹음을 따라 읽고, 이에 맞는 한어병음과 한자, 쓰기 연습을 통해 충분히 복습하도록 했습니다.

핵심 문법은 중국어 기초 학습자들이 중국어의 문장 구조를 탄탄하게 이해하고 이를 바탕으로 응용 및 활용을 할 수 있도록 설명하였으며, 종합 연습을 통해 본문의 내용과 어법을 반복하여 연습할 수 있도록 했습니다. 또 학습자들에게 간체자 쓰기 연습을 통해 간체자에 익숙해 지도록 하였습니다.

본 교재가 중국과 중국어에 관심있는 학습자들에게 유용하게 활용되기를 바랍니다. 특히 중국의 일상생활과 밀접한 문화 내용으로 중국어와 함께 중국 문화를 아울러 이해함으로써 더욱 심도깊게 중국어를 학습할 수 있기를 바랍니다.

마지막으로 본 교재가 출간되기까지 여러모로 애써주신 동양북스 김태웅 사장님과 중국어 편집부에 심심한 감사를 보냅니다.

목차

머 리 말 3
목　　차 4
이 책의 구성 6

1과 중국의 음식 문화　　8
1 중국요리
2 중국요리의 특징

2과 중국의 음주 문화　　22
1 중국의 명주
2 한·중 양국의 음주 문화

3과 중국의 입시와 취업　　36
1 중국의 수능시험, 가오카오
2 중국의 청년 취업

4과 중국의 여성과 '주링허우'　　50
1 중국의 여성 파워
2 '주링허우'

5과 중국의 결혼 문화　　64
1 중국의 발렌타인데이
2 중국의 결혼식

6과 중국의 문학　　78
1 고전 문학가, 이백
2 현대 문학가, 노신

7과 중국의 예술 92
1 전통 공연 예술, 경극
2 현대 대중 예술, 영화

8과 중국의 주거 문화 106
1 베이징의 사합원
2 복건성의 토루

9과 중국의 공유 문화 120
1 에어비앤비
2 우버 택시

10과 중국의 대중교통 134
1 중국의 전동차
2 중국의 고속철도

11과 중국의 과학 기술 148
1 로봇 식당
2 로봇 호텔

12과 중국의 경제 문화 162
1 중국의 전자 상거래
2 중국판 블랙프라이데이

본문 해석   176
모범 답안   180
단어 색인   181
활동 자료   188

이 책의 구성

중국 문화 이해하기
주제별로 구성된 중국의 과거와 현재를 아우르는 문화 현상과 특징을 이미지와 텍스트 자료를 통해 이해할 수 있습니다.

주제 토론
중국인의 생활 속에 나타나는 중국 문화 현상을 학습자 스스로 찾아보고 함께 토론하는 과정을 통해 더 깊이 있는 문화적 이해가 가능하며 연관된 인지장을 확대할 수 있습니다.

회화 1, 2
각 과의 주제와 관련된 두 가지 상황으로 이루어진 회화문을 통해 중국어는 물론 한·중 양국의 문화적 차이점을 쉽고 재미있게 배울 수 있습니다.

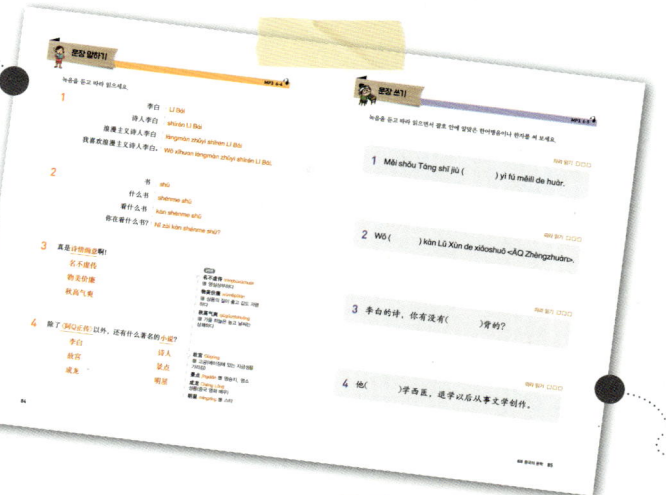

문장 말하기
제시된 문장 확장 연습을 통해 중국어 문장 구조를 쉽게 이해할 수 있으며, 교체 연습을 통해 다양한 표현을 익힐 수 있습니다.

문장 쓰기
핵심 표현을 듣고 바로 쓸 수 있도록 구성하여, 듣기에 대한 연습과 함께 한어병음 및 한자 문장 쓰기 연습을 충분히 할 수 있습니다.

종합 연습
앞서 배운 내용을 어휘, 문장, 대화문, 문법 내용을 듣기, 읽기, 말하기, 쓰기 활동을 통해 스스로 확인할 수 있습니다.

핵심 문법
회화문 속 주요 표현과 문법 사항을 정확한 해설과 실용적인 예문을 통해 쉽게 이해할 수 있습니다.

간체자 쓰기
선별된 단어의 의미와 발음을 확인함과 동시에, 획순을 보며 따라 쓸 수 있습니다.

1과
중국의 음식 문화

회화 1 중국요리
회화 2 중국요리의 특징

중국인에게 식사 초대를 받았을 때 알아두어야 할 것은 무엇일까요?

중국인들은 식사 초대를 하면 손님의 좌석을 지정해 줍니다. 대부분 원형 테이블인데 출입구를 마주 보고 있는 가장 안쪽 좌석이 손님 자리입니다. 자리에 앉으면 종업원이 먼저 차를 따라 주는데, 차를 마시면서 대화를 나누면 음식이 나옵니다. 코스 요리일 경우 보통 냉채가 가장 먼저 나오며, 그다음 볶음 요리와 튀김 요리, 마지막에 생선 요리가 나오고, 요리를 다 먹고 나면 후식이 나옵니다. 귀하고 비싼 요리는 코스의 뒤쪽에 나오기 때문에 처음에 많이 먹으면 뒤에 나오는 요리는 배가 불러서 먹을 수 없습니다. 한국에서처럼 나오는 모든 음식을 다 먹지 않아도 됩니다. 회전 테이블일 경우 가장 먼저 손님에게 음식을 돌려 권하는 것이 예의이며, 개인용 접시에 음식을 덜 때는 자신이 사용하는 젓가락이 아닌 요리 접시에 함께 있는 공용 젓가락을 이용합니다. 식사를 마친 후에는 '환대해 주셔서 고맙습니다!'라는 말인 '谢谢你的盛情款待! Xièxie nǐ de shèngqíng kuǎndài!'나 '술과 밥을 배부르게 잘 먹었습니다!'라는 뜻으로 '酒足饭饱! Jiǔ zú fàn bǎo!'라고 인사하면 주인이 매우 기뻐할 것입니다.

'狗不理包子'의 유래를 알아볼까요?

'狗不理包子 gǒubùlǐ bāozi'는 '天津 Tiānjīn'에서 가장 유명한 만두입니다. 이 말의 어원에는 여러 가지 설이 있지만 그중 만두를 만든 사람의 별명에서 기원했다는 설이 가장 많이 알려져 있습니다. '狗子 gǒuzi'는 천진 명물 '狗不理包子 gǒubùlǐ bāozi'의 창시자 '高贵友 Gāo Guìyǒu'의 별명입니다. '高贵友'의 아버지가 40세에 아들을 얻었는데, 아들이 무탈하게 잘 자랐으면 하는 마음에서 일부러 우리나라의 '개똥이'와 비슷한 느낌인 '狗子'라는 별명을 지었다고 합니다. '狗子'의 만두집은 장사가 잘 되어 만두를 만드느라 너무 바빠 손님이 불러도 대답이 없을 때가 많았다고 합니다. 그래서 사람들이 '狗子가 만두를 파는데 손님을 거들떠보지도 않는다.'라는 뜻의 '狗子卖包子, 不理人. Gǒuzi mài bāozi, bùlǐ rén.'이라는 말을 했고, 이 말이 줄어서 '狗不理 gǒubùlǐ'라는 별칭이 생겨났다고 합니다.

이러한 뜻을 가진 '狗不理包子'는 지금까지 중국 곳곳에 '天津狗不理包子 Tiānjīn gǒubùlǐ bāozi'라는 이름으로 많은 사람들의 사랑을 받고 있습니다.

주제 토론

01 자신이 먹어 본 중국요리의 이름을 적어 봅시다.

02 중국인들은 '饺子 jiǎozi'를 언제 먹는지 알아봅시다.

03 '狗不理包子'의 유래에 대해 더 조사해 봅시다.

04 중국의 먹는 것과 관련된 성어나 속담을 찾아 봅시다.

중국 음식

▶▶ 회화 1

- 菜 cài 명 요리
- 有名 yǒumíng 형 유명하다
- 传统 chuántǒng 명 전통
- 料理 liàolǐ 명 요리
- 和 hé 접 ~와/과
- 小吃 xiǎochī 명 간단한 음식, 가벼운 식사, 양이 적고 값싼 요리
- 数不胜数 shǔbúshèngshǔ 성 일일이 다 셀 수 없다
- 哪些 nǎxiē 대 어떤/어느 ~들(복수를 나타냄)
- 北京 Běijīng 명 베이징
- 烤鸭 kǎoyā 명 오리구이
- 四川 Sìchuān 명 쓰촨
- 火锅 huǒguō 명 훠궈, 중국식 샤부샤부
- 还 hái 부 여전히, 아직도, 아직
- 天津 Tiānjīn 명 톈진
- 狗不理 gǒubùlǐ 거우부리(만두 이름)
- 包子 bāozi 명 바오쯔(소가 든 만두)
- 新疆 Xīnjiāng 명 신장(웨이우얼 자치구)
- 羊肉串 yángròuchuàn 명 양고기 꼬치

▶▶ 회화 2

- 各个 gègè 대 각개의, 개개의, 각각의
- 地方 dìfāng 명 지방
- 特点 tèdiǎn 명 특징, 특색
- 甜 tián 형 달다, 달콤하다
- 咸 xián 형 짜다
- 辣 là 형 맵다
- 酸 suān 형 시큼하다, 시다
- 说法 shuōfa 명 의견, 견해
- 怪不得 guàibude 부 과연, 그러기에, 어쩐지
- 东北 Dōngběi 명 (중국의) 동북 지방
- 有点儿 yǒudiǎnr 부 조금, 약간(정도가 비교적 약함을 나타냄)
- 那么 nàme 접 그러면, 그렇다면
- 推荐 tuījiàn 동 추천하다
- 尝 cháng 동 맛보다, 시식하다

회화 1 중국요리

왕리와 김민호가 중국요리에 대해 이야기합니다.

王丽 中国菜是很有名的。
Zhōngguó cài shì hěn yǒumíng de.

金民浩 是啊，传统料理和小吃数不胜数。
Shì a, chuántǒng liàolǐ hé xiǎochī shǔbúshèngshǔ.

王丽 你都吃过哪些中国菜？
Nǐ dōu chīguo nǎxiē Zhōngguó cài?

金民浩 我吃过北京烤鸭，四川火锅。
Wǒ chīguo Běijīng kǎoyā, Sìchuān huǒguō.

王丽 还有呢？
Hái yǒu ne?

金民浩 天津的'狗不理包子'，新疆的羊肉串。
Tiānjīn de 'gǒubùlǐ bāozi', Xīnjiāng de yángròuchuàn.

회화 2 — 중국요리의 특징

김민호와 왕리가 중국요리의 특징에 대해 이야기합니다.

金民浩 中国各个地方的菜有什么特点?
Zhōngguó gègè dìfāng de cài yǒu shénme tèdiǎn?

王 丽 中国菜有'南甜北咸，东辣西酸'的说法。
Zhōngguó cài yǒu 'nán tián běi xián, dōng là xī suān' de shuōfa.

金民浩 怪不得昨天吃的东北菜有点儿咸呢。
Guàibude zuótiān chī de Dōngběi cài yǒudiǎnr xián ne.

王 丽 那么明天我们吃哪个地方的菜?
Nàme míngtiān wǒmen chī nǎge dìfāng de cài?

金民浩 你给我推荐一下吧。
Nǐ gěi wǒ tuījiàn yíxià ba.

王 丽 你喜欢吃辣的，尝尝四川菜怎么样?
Nǐ xǐhuan chī là de, chángchang Sìchuān cài zěnmeyàng?

1과 중국의 음식 문화

MP3 1-4

녹음을 듣고 따라 읽으세요.

1
烤鸭　kǎoyā
北京烤鸭　Běijīng kǎoyā
吃过北京烤鸭　chīguo Běijīng kǎoyā
我吃过北京烤鸭。　Wǒ chīguo Běijīng kǎoyā.

2
怎么样?　zěnmeyàng?
菜怎么样?　cài zěnmeyàng?
四川菜怎么样?　Sìchuān cài zěnmeyàng?
尝尝四川菜怎么样?　Chángchang Sìchuān cài zěnmeyàng?

3
我吃过北京烤鸭。
京酱肉丝
麻婆豆腐
红焖猪肉

단어
- 京酱肉丝 jīngjiàngròusī 경장육사
- 麻婆豆腐 mápódòufu 마파두부
- 红焖猪肉 hóngmènzhūròu 돼지고기찜

4
你给我推荐一下吧。
介绍
朗读
调查

- 朗读 lǎngdú 동 낭독하다
- 调查 diàochá 동 조사하다

14

 **문장 쓰기**

녹음을 듣고 따라 읽으면서 괄호 안에 알맞은 한어병음이나 한자를 써 보세요.

따라 읽기 ☐☐☐

1 Zhōngguó cài shì hěn (　　　) de.

따라 읽기 ☐☐☐

2 Dōngběi cài (　　　) xián.

따라 읽기 ☐☐☐

3 传统(　　　)数不胜数。

따라 읽기 ☐☐☐

4 尝尝四川菜(　　　)?

핵심 문법

1 '是…的' 구문

이미 실현된 동작의 발생 시간, 장소, 방식, 수단이나 목적을 강조할 때 '是…的' 구문을 사용합니다. '是'는 생략이 가능하며, 부정형은 '是' 앞에 '不'를 써서 표현합니다.

주어 + 是 + 시간/장소/방식 + 的

예 中国菜是很有名的。 Zhōngguó cài shì hěn yǒumíng de.
　[시간] 这本书是今年出版的。 Zhè běn shū shì jīnnián chūbǎn de.
　[장소] 爸爸是从上海回来的。 Bàba shì cóng Shànghǎi huílái de.
　[방식] 他是坐飞机来的。 Tā shì zuò fēijī lái de.

2 부사 '怪不得'

'怪不得'는 '과연', '그러기에', '어쩐지'라는 뜻의 부사로, 대화의 앞 내용을 수긍하는 표현입니다.

예 怪不得昨天吃的东北菜有点儿咸。
　　Guàibude zuótiān chī de Dōngběi cài yǒudiǎnr xián.
　怪不得中国人喜欢双数。
　　Guàibude Zhōngguórén xǐhuan shuāngshù.

'怪不得'는 동사로 '책망할 수 없다', '탓할 수 없다'라는 뜻도 있습니다.

예 这件事我没办好, 怪不得别人。
　　Zhè jiàn shì wǒ méi bànhǎo, guàibude biérén.
　事情本来就难办, 办不好也怪不得你。
　　Shìqing běnlái jiù nánbàn, bàn bu hǎo yě guàibude nǐ.

 단어

出版 chūbǎn 동 출판하다 | 从 cóng 개 ~부터, ~을 기점으로 | 上海 Shànghǎi 고 상하이 | 回来 huílái 동 되돌아 오다 | 飞机 fēijī 명 비행기 | 双数 shuāngshù 명 짝수 | 难办 nánbàn 동 처리하기 힘들다 | 别人 biérén 대 다른 사람

3 부사 '有点儿'과 수량사 '一点儿'

'有点儿'은 '약간', '조금'이라는 뜻의 부사로, 말하는 사람의 주관적인 관점을 내포하고 있으며, 약간 불만의 어감을 담고 있습니다.

예 怪不得昨天吃的东北菜有点儿咸。
Guàibude zuótiān chī de Dōngběi cài yǒudiǎnr xián.

这件衣服有点儿大。
Zhè jiàn yīfu yǒudiǎnr dà.

'一点儿'은 '좀', '약간'이라는 뜻의 수량사로, 술어 뒤에서 수량이 적거나 정도가 미미함을 나타내는 보어입니다. '一点儿'의 '一'는 생략할 수 있습니다.

예 你随便吃一点儿东西吧。Nǐ suíbiàn chī yìdiǎnr dōngxi ba.

他只喝了一点儿水。Tā zhǐ hē le yìdiǎnr shuǐ.

4 수량사 '一下'

'一下'는 동사 뒤에서 '시험삼아 ~해 보다' 또는 '좀 ~하다'의 뜻을 나타내며, 가볍게 시도해 보는 것을 의미합니다.

예 你给我推荐一下吧。Nǐ gěi wǒ tuījiàn yíxià ba.

他看了一下手机。Tā kàn le yíxià shǒujī.

你看一下菜单。Nǐ kàn yíxià càidān.

 단어

随便 suíbiàn 믠 마음대로, 좋을 대로 | **东西** dōngxi 믱 것, 물건 | **菜单** càidān 믱 메뉴

1 다음 중국어 문장을 보고 해당하는 사진을 고르세요.

1) 我吃过北京烤鸭。（   ）

2) 四川火锅。（   ）

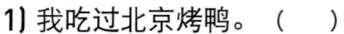

2 다음 빈칸에 들어갈 알맞은 표현을 보기에서 고르세요.

1) 中国菜 ▢ 很有名 ▢ 。

2) 你都吃 ▢ 哪些中国菜?

3) 中国菜 ▢ '南甜北咸，东辣西酸' ▢ 说法。

4) 你给我推荐 ▢ 吧。

3 어울리는 문장을 연결하여 대화문을 만드세요.

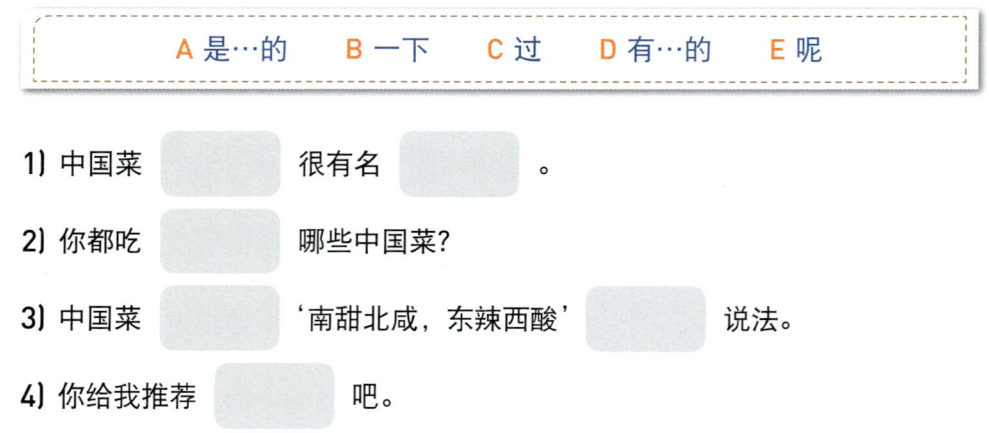

18

4 다음 그림과 단어를 이용하여 대화를 완성하세요.

北京   上海   哈尔滨

1) A: 你去过中国的哪些地方?

　　B: _____

　　A: 你都吃过哪些中国菜?

　　B: _____

甜   咸   辣   酸

2) A: 你喜欢吃什么?

　　B: _____

　　A: 你喜欢什么样的味道?

　　B: _____

단어

哈尔滨 Hā'ěrbīn 몡 하얼빈 | 拌饭 bànfàn 몡 비빔밥 | 烤肉 kǎoròu 몡 불고기 | 冷面 lěngmiàn 몡 냉면 |
味道 wèidao 몡 맛

1과 중국의 음식 문화 19

 간체자 쓰기

획순	有有有有有有	名夕夕名名名
有名 yǒumíng 유명하다	有 名 yǒumíng	

획순	北北北北北	京京京京京京京京
北京 Běijīng 베이징	北 京 Běijīng	

획순	四四四四四	川川川
四川 Sìchuān 쓰촨	四 川 Sìchuān	

획순	天天天天	津津津津津津津津
天津 Tiānjīn 텐진	天 津 Tiānjīn	

획순	特特特特特特特特特	点点点点点点点点点
特点 tèdiǎn 특징	特 点 tèdiǎn	

획순	说说说说说说说说说	法法法法法法法法
说法 shuōfa 의견, 견해	说 法 shuōfa	

획순	推推推推推推推推推	荐荐荐荐荐荐荐荐荐
推荐 tuījiàn 추천하다	推 荐 tuījiàn	

획순	喜喜喜喜喜喜喜喜喜	欢欢欢欢欢欢欢
喜欢 xǐhuan 좋아하다	喜 欢 xǐhuan	

2과
중국의 음주 문화

회화 1 　중국의 명주
회화 2 　한·중 양국의 음주 문화

칭다오 맥주축제에 대해 알아볼까요?

칭다오 맥주축제(青岛啤酒节 Qīngdǎo píjiǔjié)는 1991년에 시작되어, 해마다 8월 두 번째 토요일부터 총 15일 동안 진행됩니다. 맥주축제 티켓은 1인당 20위안이며, 축제는 낮 3시부터 밤 10시까지 열립니다. 축제는 칭다오 맥주공장에서 주관하여 시작되었는데, 이후 '칭다오시 인민정부' 즉 '青岛市人民政府 Qīngdǎoshì rénmín zhèngfǔ'에서 전문부서를 만들어 주관하게 되었습니다. 축제의 프로그램으로는 개막식, 맥주 마시기, 문화 공연, 예술 순회 공연, 오락, 경제 무역 박람회, 폐막식 등이 있습니다.

칭다오 맥주축제는 '칭다오와 세계가 건배!', 즉 '青岛与世界干杯! Qīngdǎo yǔ Shìjiè gānbēi!'라는 슬로건을 걸고, 해마다 20여 개 세계 유명 맥주 회사들이 이 축제에 참가하고 있습니다. 지금은 중국을 대표하는 주류 축제가 되어, 최근 몇 년 동안 중국 10대 명절의 순위 안에 들었습니다. 또한 칭다오맥주축제는 칭다오 시민들의 명절이 되었을 뿐만 아니라 그 규모와 영향력이 커져 아시아에서 가장 큰 맥주축제로 자리매김하고 있습니다.

중국의 술 문화는 한국과 어떻게 다를까요?

중국인들은 술을 직장 생활이나 사람 관계의 중요한 수단으로 생각합니다. 때문에 술자리 예의가 매우 중요합니다. 한국은 잔에 술이 남으면 다 마시고 잔을 채우는 것이 예의지만, 중국은 잔에 술이 비워지기 전에 따라주는 것이 예의입니다. 그리고 한국의 경우 술을 마실 때 아랫사람이 고개를 돌려 마시지만, 중국에서는 상대방의 눈을 보며 마시는 것이 예의입니다. 중국인들은 보통 한 명씩 모두 돌아가며 덕담 한 마디씩 하고 건배 제의를 합니다. 한국처럼 중국도 연장자나 상사와 건배를 할 때는 상대방의 술잔보다 낮게 부딪히는데, 이는 상대방을 존중한다는 뜻이 내포되어 있습니다.

중국인들이 술을 마실 때 쓰는 표현을 알아봅시다. 상대방에게 술을 권할 때는 '제가 술 한 잔 권하겠습니다.'라는 표현인 '我敬你一杯。Wǒ jìng nǐ yì bēi.', '제가 술을 따르겠습니다.'라는 표현인 '我给你倒酒。Wǒ gěi nǐ dàojiǔ.', '마실 수 있는 만큼 드세요.'라는 표현인 '随意! Suíyì!' 등이 있습니다. 또 술을 잘 마시는 사람을 칭찬할 때는 '주량이 대단하십니다!'라는 표현으로 '海量! Hǎiliàng!'이라고 말합니다. 만약 술자리에 늦게 도착한 사람에게는 '늦게 오셨으니 벌주 석 잔입니다.'라는 표현으로 '来晚了，罚三杯。Lái wǎn le, fá sān bēi.'라고 말할 수 있습니다.

주제 토론

'칭다오 맥주축제'에 대해 알아봅시다.

중국 명주 '마오타이'의 유래와 일화 등을 조사해 봅시다.

01

02

중국의 술

03

04

중국의 술 종류에 대해 조사해 봅시다.

한·중 양국의 음주 문화에 대해 발표해 봅시다.

새 단어

MP3 2-1

▶▶ 회화 1

☐ 名酒 míng jiǔ 명 명주, 유명한 술

☐ 茅台 máotái 마오타이주

☐ 五粮液 wǔliángyè 명 우량예

☐ 什么的 shénmede 대 기타 등등

☐ 不过 búguò 접 그러나, 그런데, 하지만

☐ 酒精 jiǔjīng 명 알코올

☐ 度 dù 양 도

☐ 多少 duōshao 대 얼마, 몇

☐ 一般 yìbān 형 보통이다, 일반적이다

☐ 受得了 shòudeliǎo
  동 견딜 수 있다, 참을 수 있다

☐ 高度 gāodù 형 도수가 매우 높다

☐ 喝 hē 동 마시다

☐ 青岛 Qīngdǎo 명 칭다오

☐ 啤酒 píjiǔ 명 맥주

▶▶ 회화 2

☐ 两国 liǎng guó 양국, 두 나라

☐ 饮酒 yǐnjiǔ 동 술을 마시다, 음주하다

☐ 习惯 xíguàn 명 습관, 풍습, 관습

☐ 区别 qūbié 명 구별, 차이

☐ 互相 hùxiāng 부 서로, 상호

☐ 碰杯 pèngbēi (건배할 때) 잔을 서로 부딪치다

☐ 干杯 gānbēi 동 건배하다, 잔을 비우다, 축배를 들다

☐ 时候 shíhou 명 때, 시각, 무렵

☐ 交换 jiāohuàn 교환하다

☐ 酒杯 jiǔbēi 명 술잔

☐ 倒酒 dàojiǔ 술을 따르다

☐ 添酒 tiānjiǔ 첨잔하다(중국의 음주 문화 에티켓으로, 상대방의 술잔이 비기 전에 잔을 채우는 것)

회화 1 — 중국의 명주

김민호와 왕리가 중국의 술에 대해 이야기합니다.

金民浩 中国有哪些名酒?
Zhōngguó yǒu nǎxiē míngjiǔ?

王 丽 有茅台，五粮液什么的。不过酒精度很高。
Yǒu máotái, wǔliángyè shénmede. Búguò jiǔjīng dù hěn gāo.

金民浩 多少度?
Duōshao dù?

王 丽 一般是五十多度。
Yìbān shì wǔshí duō dù.

金民浩 哇! 能受得了吗? 我不能喝高度酒。
Wā! Néng shòudeliǎo ma? Wǒ bù néng hē gāodù jiǔ.

王 丽 那你喝青岛啤酒，我喝茅台。
Nà nǐ hē Qīngdǎo píjiǔ, wǒ hē máotái.

회화 2 한·중 양국의 음주 문화

김민호와 왕리가 한·중 양국의 음주 습관에 대해 이야기합니다.

王丽　民浩，韩中两国的饮酒习惯有什么区别？
　　　Mínhào, Hán Zhōng liǎngguó de yǐnjiǔ xíguàn yǒu shénme qūbié?

金民浩　互相碰杯，一起干杯的习惯是一样的。
　　　　Hùxiāng pèngbēi, yìqǐ gānbēi de xíguàn shì yíyàng de.

王丽　有哪些不一样的习惯呢？
　　　Yǒu nǎxiē bù yíyàng de xíguàn ne?

金民浩　韩国人喝酒的时候，可以互相交换酒杯。
　　　　Hánguórén hējiǔ de shíhou, kěyǐ hùxiāng jiāohuàn jiǔbēi.

王丽　中国人没有这个习惯。
　　　Zhōngguórén méiyǒu zhège xíguàn.

金民浩　还有韩国人喝完了酒才能倒酒，
　　　　Háiyǒu Hánguórén hēwán le jiǔ cái néng dàojiǔ,

　　　　中国人可以添酒。
　　　　Zhōngguórén kěyǐ tiānjiǔ.

문장 말하기

MP3 2-4

녹음을 듣고 따라 읽으세요.

1
交换 | jiāohuàn
互相交换 | hùxiāng jiāohuàn
可以互相交换。 | Kěyǐ hùxiāng jiāohuàn.

2
习惯 | xíguàn
这个习惯 | zhège xíguàn
没有这个习惯 | méiyǒu zhège xíguàn
中国人没有这个习惯。 | Zhōngguórén méiyǒu zhège xíguàn.

3
中国有哪些<u>名酒</u>?
　　名菜
　　名人
　　名胜古迹

단어
- 名菜 míngcài 명 유명한 요리
- 名人 míngrén 명 유명한 사람
- 名胜古迹 míngshènggǔjì 명 명승고적

4
你能<u>受</u>得了吗?
　　干
　　吃
　　喝

문장 쓰기

녹음을 듣고 따라 읽으면서 괄호 안에 알맞은 한어병음이나 한자를 써 보세요.

따라 읽기 □□□

1 Yǒu máotái, wǔliángyè (　　　).

따라 읽기 □□□

2 Zhōngguórén méiyǒu zhège (　　　).

따라 읽기 □□□

3 那你喝(　　　)啤酒，我喝茅台。

따라 읽기 □□□

4 有哪些(　　　)的习惯呢?

1 접속사 '不过'와 '但是'

'不过'와 '但是'는 '그러나', '그런데', '하지만'이라는 뜻의 접속사로, 앞의 내용에 대한 반전을 나타냅니다. '不过'는 구어나 서면어에 모두 사용할 수 있으며 어투가 부드럽지만, '但是'는 서면어에 주로 쓰며 어투가 강합니다.

예 有茅台，五粮液什么的。不过酒精度很高。
　　Yǒu máotái, wǔliángyè shénmede. Búguò jiǔjīng dù hěn gāo.

　　我已经吃饱了，不过还能吃甜点。
　　Wǒ yǐjīng chībǎo le, búguò hái néng chī tiándiǎn.

　　今天下雪，不过一点儿也不冷。
　　Jīntiān xiàxuě, búguò yìdiǎnr yě bù lěng.

2 가능보어 '受得了'

'受得了'는 '견딜 수 있다', '참을 수 있다', '지탱할 수 있다', '버틸 수 있다'라는 뜻이며, 부정형은 '受不了'로 '견딜 수 없다', '참을 수 없다', '못 봐주다'라는 뜻입니다.

예 哇！能受得了吗?
　　Wā! Néng shòudeliǎo ma?

　　哈尔滨的冬天那么冷，你能受得了吗?
　　Hā'ěrbīn de dōngtiān nàme lěng, nǐ néng shòudeliǎo ma?

　　北京的沙尘暴那么严重，你能受得了吗?
　　Běijīng de shāchénbào nàme yánzhòng, nǐ néng shòudeliǎo ma?

甜点 tiándiǎn 명 (맛이) 단 빵이나 과자류, 디저트 | **沙尘暴** shāchénbào 명 황사 | **严重** yánzhòng 형 심각하다, 매우 심하다

3 '…的时候'

'…的时候'는 '~일 때', '~할 때'라는 뜻으로, 동사(구)나 주술구 뒤에 씁니다.

예 韩国人喝酒的时候，互相交换酒杯。
Hánguórén hējiǔ de shíhou, hùxiāng jiāohuàn jiǔbēi.

放假的时候，我打算去中国。
Fàngjià de shíhou, wǒ dǎsuàn qù Zhōngguó.

中国人吃饭的时候，用筷子。
Zhōngguórén chī fàn de shíhou, yòng kuàizi.

4 결과보어 '完'

동사 뒤에서 동작의 결과를 보충 설명하는 보어를 결과보어라고 합니다. 이를테면 동사 '喝' 뒤에 결과보어 '完'을 써서 '喝'라는 동작의 결과가 어떻게 되었는가를 보충 설명하는 것입니다. 따라서 '喝完'은 '마셔서 끝냈다', 즉 '다 마셨다'라는 뜻이 됩니다.

주어 ▶ 동사 ▶ 完 ▶ 기타 성분

예 韩国人喝完了酒才能倒酒，中国人可以添酒。
Hánguórén hēwán le jiǔ cái néng dàojiǔ, Zhōngguórén kěyǐ tiānjiǔ.

我做完了今天的作业。
Wǒ zuòwán le jīntiān de zuòyè.

妈妈干完了家务。
Māma gànwán le jiāwù.

주로 동사나 형용사를 결과보어로 쓰는데, 동사는 '懂', '会', '见', '住' 등을 많이 쓰며, 형용사는 '好', '干净', '清楚' 등을 많이 씁니다.

 단어

放假 fàngjià 동 방학하다 | **打算** dǎsuàn 동 ~할 생각이다, 계획하다 | **筷子** kuàizi 명 젓가락 | **作业** zuòyè 명 숙제, 과제 | **干** gàn 동 일을 하다 | **家务** jiāwù 명 가사, 집안일

종합 연습

1 다음 중국어 문장을 보고 해당하는 사진을 고르세요.

1) 那你喝青岛啤酒。 （　）

2) 有茅台，五粮液什么的。不过酒精度很高。 （　）

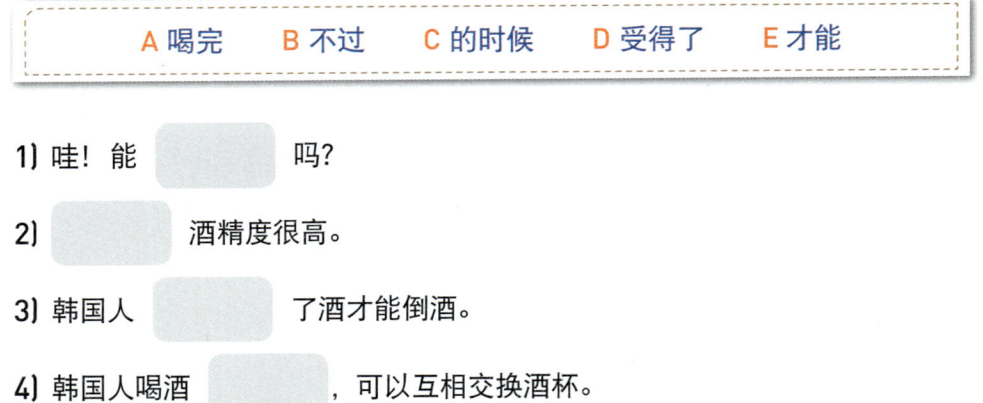

A.

B.

2 다음 빈칸에 들어갈 알맞은 표현을 보기에서 고르세요.

A 喝完　　B 不过　　C 的时候　　D 受得了　　E 才能

1) 哇！能　　　　　吗?

2) 　　　　　酒精度很高。

3) 韩国人　　　　　了酒才能倒酒。

4) 韩国人喝酒　　　　　，可以互相交换酒杯。

3 어울리는 문장을 연결하여 대화문을 만드세요.

1) 有哪些不一样的习惯呢?　　　　A. 互相碰杯，一起干杯的习惯是一样的。

2) 中国有哪些名酒?　　　　B. 韩国人喝酒的时候，可以互相交换酒杯。

3) 韩中两国的饮酒习惯有什么区别?　　　　C. 有茅台，五粮液什么的。

4 다음 그림과 단어를 이용하여 대화를 완성하세요.

朋友   家人   同学

1) A: 周末你常常做什么?

   B: _____

   A: 你跟谁一起去?

   B: _____

一杯   两杯   一瓶

2) A: 你喜欢喝什么酒?

   B: _____

   A: 你能喝多少?

   B: _____

단어

登山 dēngshān 동 등산하다 | **电影** diànyǐng 명 영화 | **高尔夫球** gāo'ěrfūqiú 명 골프 | **家人** jiārén 명 가족, 식구 | **周末** zhōumò 명 주말 | **烧酒** shāojiǔ 명 소주 | **马格利酒** mǎgélìjiǔ 명 막걸리 | **人参酒** rénshēnjiǔ 명 인삼주

 간체자 쓰기

획순	茅茅茅茅茅茅茅	台台台台台			
茅台 máotái 마오타이주	茅	台			
	máotái				

획순	青青青青青青青	岛岛岛岛岛岛岛			
青岛 Qīngdǎo 칭다오	青	岛			
	Qīngdǎo				

획순	啤啤啤啤啤啤啤啤	酒酒酒酒酒酒酒酒			
啤酒 píjiǔ 맥주	啤	酒			
	píjiǔ				

획순	互互互互	相相相相相相相相相			
互相 hùxiāng 상호	互	相			
	hùxiāng				

획순	习习习	惯惯惯惯惯惯惯惯惯惯
习惯 xíguàn 습관	习 惯 xíguàn	

획순	干干干	杯杯杯杯杯杯杯杯
干杯 gānbēi 건배	干 杯 gānbēi	

획순	交交交交交交	换换换换换换换换换换
交换 jiāohuàn 교환하다	交 换 jiāohuàn	

획순	倒倒倒倒倒倒倒倒倒倒	酒酒酒酒酒酒酒酒酒
倒酒 dàojiǔ 술을 따르다	倒 酒 dàojiǔ	

3과
중국의 입시와 취업

회화 1 중국의 수능 시험, 가오카오
회화 2 중국의 청년 취업

중국의 대학 입학시험에 대해 알아볼까요?

중국의 수능은 '高考 gāokǎo'라고 합니다. '高考'는 '普通高等学校招生全国统一考试 pǔtōng gāoděng xuéxiào zhāoshēng quánguó tǒngyī kǎoshì'의 약자로, '고등(高等)'과 '시험(考试)'이라는 단어를 줄인 말입니다.

중국의 수능도 한국과 마찬가지로 대학교 진학을 목표로 하는 학생들에게 제일 중요한 관문입니다. 매년 6월 7~8일 2일간 혹은 도시에 따라 3일간 진행됩니다. 수능 시험 개혁안은 2017년 가을 입학한 1학년 학생들로부터 실시한다고 합니다. 수능 성적은 '국가 통일 시험 과목'인 '国家统一考试科目 guójiā tǒngyī kǎoshì kēmù'와 '보통 고등학교 수준 등급성 시험 과목'인 '普通高中学业水平等级性考试科目 pǔtōng gāozhōng xuéyè shuǐpíng děngjíxìng kǎoshì kēmù'로 구성되는데, 만점이 750점입니다. '국가 통일 시험 과목'은 국어 150점, 수학 150점, 외국어 150점입니다. '등급성 시험 과목'은 문과와 이과를 구분하지 않고 본인의 취미와 특기에 따라 정치, 역사, 지리, 물리, 화학, 생물에서 자신 있는 3개 과목을 선택할 수 있으며, 매 과목의 점수 배분은 100점을 만점으로 합니다. 현재 '등급성 시험 과목'의 시험은 고등학교 재학시절 단 한 차례만 참가할 수 있으나, 앞으로 이 시험의 기회를 늘리는 방법과 대안을 탐색하고 있습니다.

중국 대학생들이 가장 선호하는 직업은 무엇일까요?

2017년 신학기를 시작하면서 한 매체에서 중국 대학생을 대상으로 졸업 후 진로에 대한 설문조사를 실시했는데 21%가 공부를 더 하고 싶다고 답했으며, 15%가 창업, 8%가 신흥 직업에 취업이며, 5%는 올해는 취업하지 않고 장기 여행이나 새로운 체험을 할 계획이며, 1%는 취업을 기다린다고 답했습니다. 대학생들이 말하는 신흥 직업이란 인터넷 스타(방송인)(54%), 성우(17%), 메이크업 아티스트(11%), 역할 연기(8%), 게임 해설가(7%) 등입니다. 그런데 절반에 가까운 '九五后 jiǔwǔhòu'들이 졸업 후 취업을 하지 않을 것이라고 답했습니다. '九五后'는 1995~1999년에 출생한 세대로, 인터넷과 가장 연관이 깊으며 1980년 이후에 태어난 '八零后 bālínghòu'나 1990년 이후에 태어난 '九零后 jiǔlínghòu'들과는 또 다른 생활 방식을 보입니다. 그들은 인터넷 경제에 대해 거부감이 없고, 적극적으로 인터넷 세계에 참여하지만 타인의 시선이나 인정받는 것에 의존하지 않고 스스로 생활비를 벌고 있습니다. [출처:인민망 한국어판(2017.05.27.)]

주제 토론

중국 대학의 종합 순위를 조사해 봅시다.

중국의 대학 입시 제도에 대해 발표해 봅시다.

입시와 취업

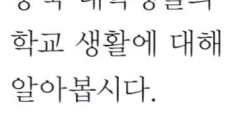

중국 대학생들의 학교 생활에 대해 알아봅시다.

한·중 양국의 청년들이 선호하는 직업을 조사하여 토론해 봅시다.

새 단어

MP3 3-1

▶▶ 회화 1

- 今年 jīnnián 명 올해, 금년
- 将 jiāng 부 장차, 곧, 막
- 考生 kǎoshēng 명 수험생
- 参加 cānjiā 동 참가하다
- 高考 gāokǎo 명 중국 대학 입학시험의 약칭
  (高等学校招生考试)
- 考试 kǎoshì 명 시험, 고사
- 日期 rìqī 명 (특정한) 날짜, 기간, 기일
- 考上 kǎoshàng 동 시험에 합격하다
- 北大 Běi-Dà 베이징대학교의 약칭
  (北京大学 Běijīng Dàxué)
- 了不起 liǎobuqǐ 형 놀랄 만하다, 굉장하다, 대단하다
- 难 nán 형 어렵다, 힘들다, 곤란하다
- 一直 yìzhí 부 곧장, 계속
- 努力 nǔlì 동 노력하다, 열심히 하다
- 现在 xiànzài 명 지금, 현재
- 如愿以偿 rúyuànyǐcháng 성 희망이 이루어지다, 소원을 성취하다

▶▶ 회화 2

- 目前 mùqián 명 지금, 현재
- 经济 jīngjì 명 경제
- 不太 bú tài 별로, 그다지 ~하지 않다
- 景气 jǐngqì 형 (경제 상황이) 활발하다, 번성하다
- 影响 yǐngxiǎng 명동 영향(을 주다)
- 就业 jiùyè 동 취직하다, 취업하다
- 问题 wèntí 명 문제
- 毕业 bìyè 명동 졸업(하다)
- 找不到 zhǎo bu dào 찾을 수 없다
- 工作 gōngzuò 명 직업, 일자리
- 怎么办 zěnme bàn 어찌하나!?, 어쩌나?, 어떡해?
- 年轻人 niánqīngrén 명 젊은 사람, 젊은이
- 选择 xuǎnzé 동 선택하다, 고르다
- 创业 chuàngyè 동 창업하다
- 路 lù 명 길
- 听说 tīngshuō 동 듣자(하)니, 듣건대
- 热情 rèqíng 명형 열정(적이다)

회화 1 — 중국의 수능 시험, 가오카오

김민호와 왕리가 수능 시험에 대해 이야기합니다.

王丽 今年中国将有九百四十万考生参加高考。
Jīnnián Zhōngguó jiāng yǒu jiǔbǎi sìshí wàn kǎoshēng cānjiā gāokǎo.

金民浩 哇, 这么多! 什么时候考试呢?
Wā, zhème duō! Shénme shíhou kǎoshì ne?

王丽 考试日期一般是六月七号、八号两天。
Kǎoshì rìqī yìbān shì liù yuè qī hào、bā hào liǎngtiān.

金民浩 我的一个中国朋友去年考上北大了。
Wǒ de yí ge Zhōngguó péngyou qùnián kǎoshàng Běi-Dà le.

王丽 真了不起! 北大是很难考上的啊!
Zhēn liǎobuqǐ! Běi-Dà shì hěn nán kǎoshàng de a!

金民浩 这几年他一直很努力, 现在如愿以偿了。
Zhè jǐ nián tā yìzhí hěn nǔlì, xiànzài rúyuànyǐcháng le.

회화 2   중국의 청년 취업

김민호와 왕리가 취업에 대해 이야기합니다.

王丽   目前中国的经济不太景气。
Mùqián Zhōngguó de jīngjì bú tài jǐngqì.

金民浩   这会不会影响大学生的就业问题？
Zhè huì bu huì yǐngxiǎng dàxuéshēng de jiùyè wèntí?

王丽   是的。很多学生大学毕业后找不到工作。
Shìde. Hěn duō xuésheng dàxué bìyè hòu zhǎo bu dào gōngzuò.

金民浩   那怎么办呢？
Nà zěnme bàn ne?

王丽   很多年轻人选择创业的路。
Hěn duō niánqīngrén xuǎnzé chuàngyè de lù.

金民浩   听说中国年轻人的创业热情很高！
Tīngshuō Zhōngguó niánqīngrén de chuàngyè rèqíng hěn gāo!

문장 말하기

MP3 3-4

녹음을 듣고 따라 읽으세요.

1
努力	nǔlì
很努力	hěn nǔlì
他一直很努力	tā yìzhí hěn nǔlì
这几年他一直很努力。	Zhè jǐ nián tā yìzhí hěn nǔlì.

2
景气	jǐngqì
不太景气	bú tài jǐngqì
经济不太景气	jīngjì bú tài jǐngqì
中国的经济不太景气。	Zhōngguó de jīngjì bú tài jǐngqì.

3 什么时候考试呢?
放假
结婚
有空

단어
- 结婚 jiéhūn 동 결혼하다
- 空 kòng 명 틈, 짬

4 听说中国年轻人的创业热情很高!
喜欢看韩剧
也有就业难的问题
也喜欢吃泡菜

- 韩剧 hánjù 명 한국 드라마
- 泡菜 pàocài 명 김치

문장 쓰기

MP3 3-5

녹음을 듣고 따라 읽으면서 괄호 안에 알맞은 한어병음이나 한자를 써 보세요.

따라 읽기 ☐☐☐

1 Běi-Dà shì hěn nán (   ) de a!

따라 읽기 ☐☐☐

2 Mùqián Zhōngguó de jīngjì (   ) jǐngqì.

따라 읽기 ☐☐☐

3 现在(   )了。

따라 읽기 ☐☐☐

4 很多(   )选择创业的路。

 **핵심 문법**

1 부사 '将'

부사 '将'은 '~하게 될 것이다', '~일 것이다'라는 뜻으로, 미래에 대한 판단을 나타냅니다.

주어 > 将 > 술어 > 목적어

예 今年中国将有九百四十万考生参加高考。
Jīnnián Zhōngguó jiāng yǒu jiǔbǎi sìshí wàn kǎoshēng cānjiā gāokǎo.

中国将在2022年举办亚运会。
Zhōngguó jiāng zài èr líng èr èr nián jǔbàn Yàyùnhuì.

他将成为科学家。
Tā jiāng chéngwéi kēxuéjiā.

2 결과보어 '上'

결과보어 '上'은 새로운 상태에 진입하여 그 상태가 계속됨을 나타냅니다. 본문의 '考上'은 '시험을 쳐서 합격했다'라는 뜻입니다. '시험에 붙다'라는 또 다른 중국어 표현으로는 '考试合格', '考试及格' 등이 있습니다.

예 我的一个中国朋友去年考上北大了。
Wǒ de yí ge Zhōngguó péngyou qùnián kǎoshàng Běi-Dà le.

我终于登上了山顶。
Wǒ zhōngyú dēngshàng le shāndǐng.

他当上了班长。
Tā dāngshàng le bānzhǎng.

마지막 예문에서 결과보어 '上'은 각각 '시험', '정상', '반장'이라는 일정한 등급에 도달하여 그곳에 계속 존재함을 나타냅니다.

 **단어**

亚运会 Yàyùnhuì 몡 아시안게임 | 成为 chéngwéi 동 ~가 되다 | 科学家 kēxuéjiā 몡 과학자 | 终于 zhōngyú 튀 마침내, 결국, 끝내 | 登上 dēngshàng 올라서다 | 山顶 shāndǐng 몡 산꼭대기, 산 정상 | 班长 bānzhǎng 몡 반장

3 부분부정 '不太'

'不太'는 '별로', '그다지 ~하지 않다'라는 의미로, 그리 썩 좋지 않거나 이상적이지 않을 때 씁니다. '太 + 형용사'를 '不'가 부정하는 형태로, 이러한 부정형을 일반적으로 부분부정이라고 하며, 비슷한 표현으로 '不大', '不怎么', '不那么' 등이 있습니다.

예) 目前中国的经济不太景气。
Mùqián Zhōngguó de jīngjì bú tài jǐngqì.

我不大喜欢那个职业。
Wǒ búdà xǐhuan nàge zhíyè.

中国人不那么喜欢喝凉水。
Zhōngguórén bú nàme xǐhuan hē liángshuǐ.

4 동사 '听说'

'听说'는 주로 문장 맨앞에 써서 뒤에 오는 구문 전체를 포괄하며, '듣자하니', '듣건대'로 해석합니다.

예) 听说中国年轻人的创业热情很高!
Tīngshuō Zhōngguó niánqīngrén de chuàngyè rèqíng hěn gāo!

听说中国人有睡午觉的习惯。
Tīngshuō Zhōngguórén yǒu shuì wǔjiào de xíguàn.

听说中国人喜欢红色。
Tīngshuō Zhōngguórén xǐhuan hóngsè.

职业 zhíyè 명 직업 | **凉水** liángshuǐ 명 찬물 | **睡** shuì 동 (잠을) 자다 | **午觉** wǔjiào 명 낮잠

종합 연습

1 다음 중국어 문장을 보고 해당하는 사진을 고르세요.

1) 考试日期一般是六月七号、八号两天。 （　）

2) 我的一个中国朋友去年考上北大了。 （　）

A.

B.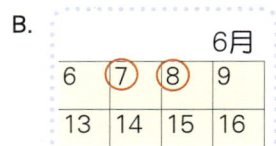

2 다음 빈칸에 들어갈 알맞은 표현을 보기에서 고르세요.

> A 将　　B 考上　　C 听说　　D 不太　　E 考试

1) 目前中国的经济　　　　景气。

2) 　　　　中国年轻人的创业热情很高！

3) 我的一个中国朋友去年　　　　北大了。

4) 今年中国　　　　有九百四十万考生参加高考。

3 어울리는 문장을 연결하여 대화문을 만드세요.

1) 什么时候考试呢?　　　　　　A. 北大是很难考上的啊！

2) 真了不起!　　　　　　　　　B. 现在如愿以偿了。

3) 这几年他一直很努力，　　　　C. 考试日期一般是六月七号，八号两天。

4 다음 그림과 단어를 이용하여 대화를 완성하세요.

不错   很大   风景美

1) A: 你去过哪个大学?

   B: _____

   A: 那个大学怎么样?

   B: _____

导游   店员   职员

2) A: 你喜欢什么职业?

   B: _____

   A: 毕业以后你想在什么地方工作?

   B: _____

단어

首尔大学 Shǒu'ěr Dàxué 서울대학교 | 延世大学 Yánshì Dàxué 연세대학교 | 高丽大学 Gāolí Dàxué 고려대학교 | 不错 búcuò 휑 괜찮다, 좋다 | 风景 fēngjǐng 몡 풍경 | 旅行社 lǚxíngshè 몡 여행사 | 免税店 miǎnshuìdiàn 몡 면세점 | 贸易公司 màoyìgōngsī 무역회사 | 导游 dǎoyóu 몡 관광 안내원, 가이드 | 店员 diànyuán 몡 점원 | 职员 zhíyuán 몡 직원

간체자 쓰기

획순	参 参 夯 夯 矣 矣 参 参	加 加 加 加 加
参加 cānjiā 참가하다	参 加 cānjiā	

획순	考 考 考 考 考 考	试 试 试 试 试 试 试 试
考试 kǎoshì 시험	考 试 kǎoshì	

획순	努 努 努 努 努 努 努	力 力
努力 nǔlì 노력하다	努 力 nǔlì	

획순	经 经 经 经 经 经 经 经	济 济 济 济 济 济 济 济 济
经济 jīngjì 경제	经 济 jīngjì	

획순	景景景景景景景景景景景景		气气气气	
景气 jǐngqì 번성하다	景	气		

획순	问问问问问问		题题题题题题题题题题题题题题	
问题 wèntí 문제	问	题		

획순	创创创创创创		业业业业业	
创业 chuàngyè 창업하다	创	业		

획순	热热热热热热热热热热		情情情情情情情情情	
热情 rèqíng 열정	热	情		

3과 중국의 입시와 취업

4과
중국 여성과 '주링허우'

회화 1 중국의 여성 파워
회화 2 '주링허우'

중국의 여성 파워에 대해 알아볼까요?

중국 여성들의 대다수는 사회 활동을 하고 있습니다. 작업 환경이 험한 산업 현장에서도 남성들과 똑같은 일을 할 뿐만 아니라 사회 전반에 많은 여성들이 일을 하고 있습니다. 모든 분야에서 남성들과 동등한 대우를 받으며, 가사 노동도 남성들과 비교적 동등하게 분담합니다.

2016년 상하이 저널 포브스지는 29개국의 정치, 사업, 기술 및 자선사업 등의 영역에서 100명의 '세계 영향력 있는 여성'을 선정하였는데, 이 명단에 중국 여성 9명이 이름을 올려 강력한 '차이나 여성 파워'를 과시했습니다. 명단을 살펴보면, 35위에는 중국 최대 전자상거래 알리바바의 경영진인 '彭蕾 Péng Lěi', 38위는 WHO 사무총장 '陈冯富珍 Chénféng Fùzhēn', 58위에는 시진핑 국가주석의 아내인 '彭丽媛 Péng Lìyuàn', 61위에는 '格力 Gé lì 전기' 사장인 '董明珠 Dǒng Míngzhū', 69위는 '长城汽车 Chángchéng qìchē'의 CEO '王凤英 Wáng Fèngyīng'이 순위에 올랐습니다. [출처:포브스 '세계 여성 영향력' 순위, 중국 여성 파워 과시(상하이저널,상하이방)]

'주링허우'에 대해 알아 볼까요?

'九零后 jiǔlínghòu'는 중국 '계획생육정책'인 '计划生育政策 jìhuà shēngyù zhèngcè'의 영향으로 1990년대에 태어난 '외동아들(独生子 dúshēngzǐ)', '외동딸(独生女 dúshēngnǚ)'들을 말합니다. 이들은 조부모와 부모에게서 극진한 보살핌을 받은 '소황제(小皇帝 xiǎohuángdì)'의 전형입니다. 하지만 1990년대에 태어난 이들은 이전의 '소황제'들과는 달리 새로운 것을 추구하고 개성이 넘치며, 'TV 없이는 살아도 컴퓨터 없이는 못 산다'라는 말이 있을 정도로 인터넷에 익숙한 세대입니다. 이들은 웨이보, 위챗 등 SNS를 통해 수많은 정보를 수집하며 유행과 변화를 거리낌 없이 수용하고 새로운 문화에도 관심이 많은 장점을 가지고 있습니다.

그러나 그들은 발전하고 부유한 중국 사회와 비교적 좋은 가정 환경에서 다원화된 교육을 받았으나 고생과 좌절을 겪지 않고 자랐기 때문에 의지와 집중력이 부족하고, 생활 방식이 인터넷에 의존하고 개인적인 생활에 국한되어 있으며, 단체 생활에 적응하는 능력이 부족하여 이에 스트레스를 통제하는 능력이 부족하다는 평가가 있습니다.

주제 토론

01 중국의 3·8 부녀절(여성의 날)에는 어떤 행사가 있는지 알아봅시다.

02 중국에서 볼 수 있는 여성 파워의 예를 조사하여 발표해 봅시다.

03 중국에서 90년대 태어난 세대의 특징을 조사해 봅시다.

04 한·중 양국 신세대의 공통점과 차이점을 조사하여 토론해 봅시다.

여성과 신세대

MP3 4-1

▶▶ 회화 1

□ 觉得 juéde 〖동〗 ~라고 여기다, 생각하다
□ 社会 shèhuì 〖명〗 사회
□ 地位 dìwèi 〖명〗 (사회적) 지위, 위치
□ 政策 zhèngcè 〖명〗 정책
□ 以…为… yǐ…wéi… ~을 ~으로 삼다, ~을 ~으로 여기다
□ 平等 píngděng 〖명〗 평등
□ 基本 jīběn 〖명〗 기본
□ 准则 zhǔnzé 〖명〗 준칙, 규범
□ 指 zhǐ 〖동〗 가리키다, 설명하다
□ 方面 fāngmiàn 〖명〗 방면, 영역
□ 政治 zhèngzhì 〖명〗 정치
□ 大部分 dàbùfen 〖명〗 대부분
□ 家庭 jiātíng 〖명〗 가정
□ 夫妻 fūqī 〖명〗 부부, 남편과 아내
□ 所以 suǒyǐ 〖접〗 그래서, 그러므로, 때문에
□ 洗 xǐ 〖동〗 씻다, 빨다
□ 做饭 zuòfàn 〖동〗 밥을 하다
□ 常见 chángjiàn 〖형〗 늘 보이는, 흔히 보는
□ 事 shì 〖명〗 일

▶▶ 회화 2

□ 经常 jīngcháng 〖부〗 언제나, 늘, 자주
□ 听到 tīngdào 들었다
□ 九零后 jiǔlínghòu 1990년 이후에 태어난 세대
□ 词 cí 〖명〗 말, 문구
□ 说明 shuōmíng 〖동〗 설명하다, 해설하다
□ 就是 jiùshì 〖부〗 즉, 곧(단호하거나 강조를 나타냄)
□ 年代 niándài 〖명〗 시대, 시기, 연대, 시간, 세월 (비교적 오래 지난 때를 가리킴)
□ 出生 chūshēng 〖동〗 출생하다, 태어나다
□ 独生子女 dúshēngzǐnǚ 〖명〗 외아들이나 외(동)딸, 독자나 독녀
□ 娇生惯养 jiāoshēngguànyǎng 〖성〗 응석받이로 자라다
□ 一面 yímiàn 〖명〗 한 방면, 한 부분, 한 측면
□ 但是 dànshì 〖접〗 그러나, 그렇지만
□ 互联网 hùliánwǎng 〖명〗 인터넷
□ 时代 shídài 〖명〗 시대, 시기
□ 知识 zhīshi 〖명〗 지식
□ 丰富 fēngfù 〖형〗 많다, 풍부하다, 넉넉하다

회화 1 　중국의 여성 파워

김민호와 왕리가 여성 파워에 대해 이야기합니다.

金民浩　我觉得中国女人的社会地位很高。
Wǒ juéde Zhōngguó nǚrén de shèhuì dìwèi hěn gāo.

王　丽　是的。
Shìde.

中国的政策是以男女平等为基本准则的。
Zhōngguó de zhèngcè shì yǐ nánnǚ píngděng wéi jīběn zhǔnzé de.

金民浩　那么男女平等指的是哪些方面?
Nàme nánnǚ píngděng zhǐ de shì nǎxiē fāngmiàn?

王　丽　是指男女在政治、经济和社会上的平等。
Shì zhǐ nánnǚ zài zhèngzhì、jīngjì hé shèhuì shang de píngděng.

金民浩　怪不得大部分中国的家庭，夫妻都有工作。
Guàibude dàbùfen Zhōngguó de jiātíng, fūqī dōu yǒu gōngzuò.

王　丽　是的。
Shìde.

所以在中国男人洗衣服、做饭是常见的事。
Suǒyǐ zài Zhōnguó nánrén xǐ yīfu、zuòfàn shì chángjiàn de shì.

회화 2 '주링허우'

김민호와 왕리가 중국의 신세대인 '주링허우'에 대해 이야기합니다.

金民浩 最近经常听到'九零后'这个词，
Zuìjìn jīngcháng tīngdào 'jiǔlínghòu' zhè ge cí,

你能给我说明一下吗?
nǐ néng gěi wǒ shuōmíng yíxià ma?

王丽 好的。'九零后'就是指90年代出生的人。
Hǎode. 'Jiǔlínghòu' jiùshì zhǐ jiǔshí niándài chūshēng de rén.

金民浩 那么'九零后'大部分是独生子女吧?
Nàme 'jiǔlínghòu' dàbùfen shì dúshēngzǐnǚ ba?

王丽 是的。所以'九零后'有娇生惯养的一面。
Shìde. Suǒyǐ 'jiǔlínghòu' yǒu jiāoshēngguànyǎng de yímiàn.

金民浩 是吗?
Shì ma?

王丽 但是他们生活在互联网时代，知识也很丰富!
Dànshì tāmen shēnghuó zài hùliánwǎng shídài, zhīshi yě hěn fēngfù!

문장 말하기

MP3 4-4

녹음을 듣고 따라 읽으세요.

1
事	shì
常见的事	chángjiàn de shì
是常见的事	shì chángjiàn de shì
做饭是常见的事。	Zuòfàn shì chángjiàn de shì.

2
时代	shídài
互联网时代	hùliánwǎng shídài
生活在互联网时代	shēnghuó zài hùliánwǎng shídài
他们生活在互联网时代。	Tāmen shēnghuó zài hùliánwǎng shídài.

3 我觉得<u>中国女人的社会地位很高</u>。

中国人不怕吃苦

中国人喜欢吃水豆腐

中国人不喜欢绿色帽子

단어
- 吃苦 chīkǔ 동 고생하다
- 水豆腐 shuǐdòufu 명 순두부

4 怪不得<u>大部分中国的家庭，夫妻都有工作</u>。

他的口音这么标准

他的汉语说得那么流利

这么凉快，原来是开了空调

- 口音 kǒuyīn 명 발음
- 标准 biāozhǔn 형 표준적이다
- 流利 liúlì 형 막힘이 없다
- 凉快 liángkuai 형 서늘하다
- 原来 yuánlái 부 알고보니
- 空调 kōngtiáo 명 에어콘

문장 쓰기

녹음을 듣고 따라 읽으면서 괄호 안에 알맞은 한어병음이나 한자를 써 보세요.

따라 읽기 ☐☐☐

1 Nàme nánnǚ (　　　) zhǐ de shì nǎxiē fāngmiàn?

따라 읽기 ☐☐☐

2 Zuìjìn jīngcháng (　　　) 'jiǔlínghòu' zhè ge cí.

따라 읽기 ☐☐☐

3 在中国男人洗(　　)、做(　　)是经常的事。

따라 읽기 ☐☐☐

4 '九零后'有(　　　)的一面。

핵심 문법

1 '以…为…'

'以…为…'는 '~을 ~으로 삼다', '~을 ~으로 여기다'라는 뜻으로, 개사구가 동사구를 수식하는 형태입니다.

예 **中国的政策是以男女平等为基本准则的。**
Zhōngguó de zhèngcè shì yǐ nánnǚ píngděng wéi jīběn zhǔnzé de.

北方人以面食为主。
Běifāngrén yǐ miànshí wéizhǔ.

南方人以米饭为主。
Nánfāngrén yǐ mǐfàn wéizhǔ.

2 접속사 '所以'

'所以'는 '그래서', '그러므로'라는 뜻의 접속사로, 보통 '因为/由于…所以…'의 형식을 써서 '因为/由于' 뒤에는 원인을, '所以' 뒤에는 결과를 나타냅니다. 모두 단독으로 쓸 수 있습니다.

因为 → 원인 所以 → 결과

예 **大部分是独生子女，所以 '九零后' 有娇生惯养的一面。**
Dàbùfen shì dúshēngzǐnǚ, suǒyǐ 'jiǔlínghòu' yǒu jiāoshēngguànyǎng de yímiàn.

夫妻都有工作，所以在中国男人常做家务。
Fūqī dōu yǒu gōngzuò, suǒyǐ zài Zhōngguó nánrén cháng zuò jiāwù.

因为我对中国的文化感兴趣，所以学汉语。
Yīnwèi wǒ duì Zhōngguó de wénhuà gǎn xìngqù, suǒyǐ xué Hànyǔ.

 단어

为主 wéizhǔ 동 ~을 위주로 하다 | **面食** miànshí 명 밀가루 음식 | **米饭** mǐfàn 명 쌀밥 | **文化** wénhuà 명 문화 | **感兴趣** gǎn xìngqù 관심이 있다 | **学** xué 동 배우다, 학습하다

3 결과보어 '到'

결과보어 '到'는 동작을 통하여 어떤 장소, 범위, 시점에 도달했거나, 동사의 목적이 달성되었음을 나타냅니다.

예 最近经常听到'九零后'这个词，你能给我说明一下吗?
Zuìjìn jīngcháng tīngdào 'jiǔlínghòu' zhè ge cí, nǐ néng gěi wǒ shuōmíng yíxià ma?

我是第一次看到二胡演奏。
Wǒ shì dì yí cì kàndào èrhú yǎnzòu.

过年家人聚在一起谈到很晚。
Guònián jiārén jùzài yìqǐ tándào hěn wǎn.

4 접속사 '但是'

접속사 '但是'는 '그러나', '그렇지만'이라는 뜻으로, 앞의 상황과 다른 상황이 전개되는 역접 관계를 나타냅니다. '是'는 생략이 가능하며, 문장에서 주로 '虽然', '尽管' 등과 호응하여 씁니다.

예 但是他们生活在互联网时代，知识也很丰富！
Dànshì tāmen shēnghuó zài hùliánwǎng shídài, zhīshi yě hěn fēngfù!

但是也要考虑一下能力啊。
Dànshì yě yào kǎolǜ yíxià nénglì a.

但是今天看的中国电影真的很有意思。
Dànshì jīntiān kàn de Zhōngguó diànyǐng zhēnde hěn yǒu yìsi.

 단어

二胡 èrhú 명 얼후 | **演奏** yǎnzòu 동 연주하다 | **聚** jù 동 모이다 | **考虑** kǎolǜ 동 고려하다, 생각하다 | **有意思** yǒu yìsi 형 재미있다, 흥미 있다

종합 연습

1 다음 중국어 문장을 보고 해당하는 사진을 고르세요.

1) 怪不得大部分中国的家庭，夫妻都有工作。（   ）

2) 在中国男人洗衣服、做饭是常见的事。（   ）

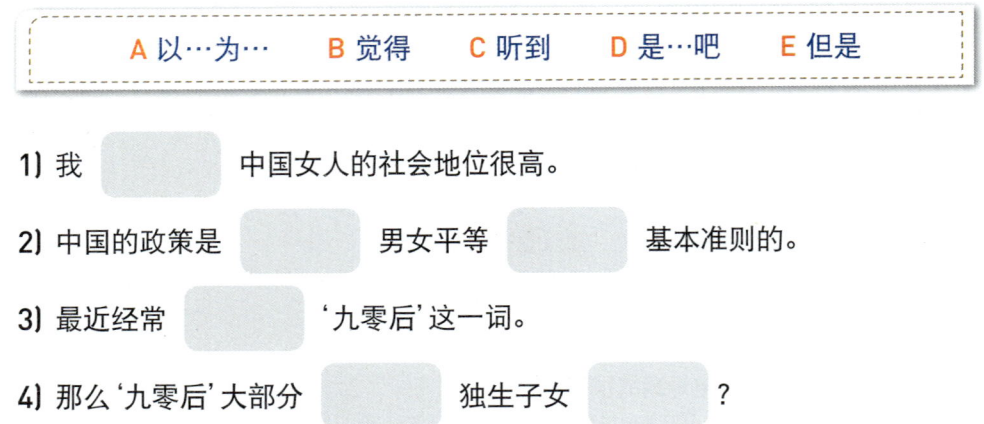

2 다음 빈칸에 들어갈 알맞은 표현을 보기에서 고르세요.

| A 以…为… | B 觉得 | C 听到 | D 是…吧 | E 但是 |

1) 我 _____ 中国女人的社会地位很高。

2) 中国的政策是 _____ 男女平等 _____ 基本准则的。

3) 最近经常 _____ '九零后'这一词。

4) 那么'九零后'大部分 _____ 独生子女 _____ ？

3 어울리는 문장을 연결하여 대화문을 만드세요.

1) 那么男女平等指的是哪些方面？　　A. 是的。

2) '九零后'大部分是独生子女吧？　　B. 洗衣服、做饭是常见的事。

3) 所以在中国男人　　C. 是指男女在政治、经济和社会上的平等。

4 다음 그림과 단어를 이용하여 대화를 완성하세요.

老师   医生   律师

1) A: 你妈妈做什么工作?

   B: _____

   A: 你帮妈妈做什么家务?

   B: _____

政治   经济   文化   国会议员   老板   电影导演

2) A: 你最关心的问题是什么?

   B: _____

   A: 将来你的理想是什么?

   B: _____

단어

整理 zhěnglǐ 동 정리하다 | 屋子 wūzi 명 방 | 打扫 dǎsǎo 동 청소하다 | 房间 fángjiān 명 방 | 医生 yīshēng 명 의사 | 律师 lǜshī 명 변호사 | 帮 bāng 동 돕다, 거들다 | 国会议员 guóhuì yìyuán 명 국회의원 | 老板 lǎobǎn 명 사장 | 电影导演 diànyǐngdǎoyǎn 명 영화감독 | 关心 guānxīn 동 관심을 갖다 | 将来 jiānglái 명 장래, 미래 | 理想 lǐxiǎng 명 이상

 간체자 쓰기

획순	社社社社社社	会会会会会会
社会	社	会
shèhuì	shèhuì	
사회		

획순	平平平平平	等等等等等等等等等等等
平等	平	等
píngděng	píngděng	
평등		

획순	家家家家家家家家家家	庭庭庭庭庭庭庭庭庭
家庭	家	庭
jiātíng	jiātíng	
가정		

획순	夫夫夫夫	妻妻妻妻妻妻妻妻
夫妻	夫	妻
fūqī	fūqī	
부부		

획순	最最最最最最最最最最最	近近近近近近近
最近	最 近	
zuìjìn	zuìjìn	
최근		

획순	说说说说说说说说说	明明明明明明明明
说明	说 明	
shuōmíng	shuōmíng	
설명하다		

획순	时时时时时时时	代代代代代
时代	时 代	
shídài	shídài	
시대		

획순	丰丰丰丰	富富富富富富富富富富富富
丰富	丰 富	
fēngfù	fēngfù	
풍부하다		

4과 중국 여성과 '주링허우'

5과
중국의 결혼 문화

회화 1 중국의 발렌타인데이
회화 2 중국의 결혼식

중국 젊은이들은 결혼에 대해 어떻게 생각할까요?

유행어를 통해 중국 젊은이들의 결혼에 대한 생각을 알아봅시다.

• 결혼 관련 언어

婚纱经济 hūnshā jīngjì(웨딩드레스 경제): 중국에서는 매년 대략 1,000만 쌍이 결혼을 하는데, 이들은 중국 특유의 체면 문화로 인해 과시적 소비를 하며 성대한 결혼식을 치루기 원합니다. 이와 관련하여 婚纱经济라는 유행어가 생겼는데, 이는 결혼 관련 사업이 호황을 이루기 때문에 생겨난 말입니다.

试婚 shìhūn(결혼을 시험하다): 试婚은 결혼을 전제로 동거하는 것을 말합니다.

闪婚 shǎnhūn(초스피드 결혼): 闪婚은 만난지 얼마 되지 않아 번개처럼 급작스럽게 결혼하는 것을 말하는데, 이는 결혼을 게임처럼 가볍게 생각하는 세태를 반영하고 있습니다.

裸婚 luǒhūn(벌거숭이 결혼): 裸婚은 제대로 된 결혼식과 결혼반지, 그리고 신혼집조차 준비하지 않고 결혼하는 것을 말합니다. 결혼에 필요한 그 무엇도 준비하지 않고 법률상 혼인 신고의 절차만 밟는 것을 말합니다.

闪离 shǎnlí(초스피드 이혼): 闪离는 闪婚처럼 이혼도 결혼만큼 가볍게 생각하는 세태를 반영하는 말입니다. 통계에 의하면 중국의 이혼은 10년 전 보다 두 배 이상 증가했는데, 그 원인을 살펴보면 결혼에 대한 전통적 가치관이 변화되었고, 교육 수준의 상승으로 여성들의 권리 의식이 높아졌으며, 소셜미디어의의 확산으로 이성을 만날 기회가 많아져 혼외 관계가 급증했기 때문입니다. 이혼소송의 60~70%가 혼외 관계 때문이라고 합니다. 또한 중국은 이혼 숙려 제도가 없어 복잡한 절차 없이 비교적 빠르게 이혼할 수 있어 이혼이 증가하고 있다고 합니다.

• 독신 관련 언어

剩女 shèngnǚ(골드미스): 剩女는 결혼을 하지 않는 고소득 전문직 여성을 말합니다. '38여인'이라고도 하는데, 이는 '아직 결혼을 하지 못해 궁지에 빠진 여인'이라는 의미로, 조소와 풍자적 뉘앙스가 담겨 있습니다. 비슷한 말로 '单身贵族 dānshēnguìzú'가 있는데, 이는 '화려한 싱글'이라는 뜻입니다. 중국 골드미스들이 결혼을 하지 않는 것은 '늘어나는 결혼 비용과 어려워진 집 장만'이라는 이유를 꼽았습니다.

주제 토론

중국 젊은이들은 발렌타인데이를 어떻게 지내는지 알아봅시다.

중국 '칠월칠석'의 유래를 조사해 봅시다.

중국의 결혼

01
02
03
04

중국의 결혼식을 알아보고, 한국과의 차이점을 소개해 봅시다.

중국 소수민족의 독특한 결혼 풍습을 찾아 발표해 봅시다.

새 단어

MP3 5-1

▶▶ 회화 1

☐ 情人节 Qíngrénjié 몡 발렌타인데이

☐ 到处 dàochù 튀 도처에, 곳곳에

☐ 巧克力 qiǎokèlì 몡 초콜릿

☐ 送 sòng 동 주다, 선물하다

☐ 礼物 lǐwù 몡 선물, 예물

☐ 有的 yǒude 대 어떤 것, 어떤 사람(전체 중의 일부를 나타냄)

☐ 戒指 jièzhi 몡 반지

☐ 七夕节 qīxījié 몡 칠석날, 중국 고유의 발렌타인데이

☐ 表白 biǎobái 동 (자신의 마음을) 나타내다, 고백하다

☐ 爱情 àiqíng 몡 남녀 간의 사랑, 애정

☐ 日子 rìzi 몡 날, 날짜, 시간

▶▶ 회화 2

☐ 热闹 rènao 형 번화하다, 떠들썩하다, 시끌벅적하다

☐ 婚礼 hūnlǐ 몡 결혼식, 혼례

☐ 喜气洋洋 xǐqìyángyáng 성 기쁨이 넘치다, 매우 즐거운 모양

☐ 新娘 xīnniáng 몡 신부

☐ 穿 chuān 동 (옷·신발·양말 등)을 입다, 신다

☐ 着 zhe 조 ~하고 있다, ~하고 있는 중이다

☐ 旗袍 qípáo 몡 치파오(중국 여성이 입는 원피스 모양의 전통 의복)

☐ 头上 tóu shang 머리 위

☐ 戴 dài 동 (머리·가슴·팔·손 등에) 착용하다, 쓰다, 차다, 달다

☐ 客人 kèrén 몡 손님, 고객

☐ 新郎 xīnláng 몡 신랑

☐ 敬酒 jìngjiǔ 동 삼가 술을 권하다

☐ 祝 zhù 동 기원하다, 축복하다, 축하하다

☐ 白头偕老 báitóuxiélǎo 성 백년해로(하다)

회화 1 — 중국의 발렌타인데이

중국의 발렌타인데이에 대해 김민호와 왕리가 이야기합니다.

金民浩　今天是情人节，到处都是巧克力。
　　　　Jīntiān shì Qíngrénjié, dàochù dōu shì qiǎokèlì.

王　丽　这几年很多年轻人喜欢过情人节。
　　　　Zhè jǐ nián hěn duō niánqīngrén xǐhuan guò Qíngrénjié.

金民浩　中国一般送什么礼物？
　　　　Zhōngguó yìbān sòng shénme lǐwù?

王　丽　有的人送巧克力，有的人送戒指。
　　　　Yǒude rén sòng qiǎokèlì, yǒude rén sòng jièzhi.

金民浩　跟韩国差不多。听说中国还过七夕节。
　　　　Gēn Hánguó chàbuduō. Tīngshuō Zhōngguó hái guò qīxījié.

王　丽　是的，七夕节也是表白爱情的日子。
　　　　Shìde, qīxījié yě shì biǎobái àiqíng de rìzi.

회화 2 — 중국의 결혼식

중국 결혼식에 참석한 김민호와 왕리가 이야기합니다.

金民浩 好热闹啊！我是第一次参加中国人的婚礼。
Hǎo rènao a! Wǒ shì dì yí cì cānjiā Zhōngguórén de hūnlǐ.

王 丽 真是喜气洋洋！
Zhēnshi xǐqìyángyáng!

金民浩 你看！新娘穿着红旗袍，头上戴着大红花。
Nǐ kàn! Xīnniáng chuānzhe hóng qípáo, tóushang dàizhe dà hóng huā.

王 丽 客人来得不少啊！
Kèrén lái de bù shǎo a!

金民浩 噢！你看！新郎，新娘敬酒来了。
Ō! Nǐ kàn! Xīnláng, xīnniáng jìngjiǔ lái le.

王 丽 我们一起干杯！祝你们白头偕老！
Wǒmen yìqǐ gānbēi! Zhù nǐmen báitóuxiélǎo!

문장 말하기

MP3 5-4

녹음을 듣고 따라 읽으세요.

1
七夕节　qīxījié
过七夕节　guò qīxījié
中国还过七夕节　Zhōngguó hái guò qīxījié
听说中国还过七夕节。　Tīngshuō Zhōngguó hái guò qīxījié.

2
旗袍　qípáo
红旗袍　hóng qípáo
穿着红旗袍　chuānzhe hóng qípáo
新娘穿着红旗袍。　Xīnniáng chuānzhe hóng qípáo.

3　有的人送巧克力, 有的人送戒指。

花儿　　　围巾
领带　　　钱包
红参　　　海苔

단어
- 花儿 huār 명 꽃
- 围巾 wéijīn 명 목도리, 스카프
- 领带 lǐngdài 명 넥타이
- 钱包 qiánbāo 명 지갑
- 红参 hóngshēn 명 홍삼
- 海苔 hǎitái 명 김

4　我们一起干杯! 祝你们白头偕老!

考试成功
万事如意
旅途愉快

- 成功 chénggōng 동 성공하다
- 万事如意 wànshìrúyì 성 모든 일이 뜻대로 이루어지다
- 旅途 lǔtú 명 여정, 여행 도중
- 愉快 yúkuài 형 기쁘다, 즐겁다

녹음을 듣고 따라 읽으면서 괄호 안에 알맞은 한어병음이나 한자를 써 보세요.

따라 읽기 ☐☐☐

1 Zhè jǐ nián hěn duō niánqīngrén xǐhuan (　　　) Qíngrénjié.

따라 읽기 ☐☐☐

2 Wǒ shì dì yí cì (　　　) Zhōngguórén de hūnlǐ.

따라 읽기 ☐☐☐

3 是的，七夕节也是(　　　)爱情的日子。

따라 읽기 ☐☐☐

4 你看！新郎，新娘(　　　)来了。

5과 중국의 결혼 문화 71

 **핵심 문법**

1 '有的…, 有的…'

'有的'는 전체 가운데 일부 사람이나 사물을 가리키는 대명사로, '어떤 ~은 ~하고, 어떤 ~은 ~하다'라는 뜻의 '有的…, 有的…' 문형으로 자주 쓰입니다.

> 예 有的人送巧克力，有的人送戒指。Yǒude rén sòng qiǎokèlì, yǒude rén sòng jièzhi.
>
> 有的人喝喜酒，有的人吃喜糖。Yǒude rén hē xǐjiǔ, yǒude rén chī xǐtáng.
>
> 有的学生去琉璃厂，有的学生去王府井。
> Yǒude xuésheng qù Liúlíchǎng, yǒude xuésheng qù Wángfǔjǐng.

2 동태조사 '着'

동사 뒤에 '着'를 쓰면 '~하고 있다', '~해 있다'라는 동작이나 상태의 지속을 나타냅니다. 진행 중인 동작의 지속을 나타내기도 하므로 동태조사 '着'는 동작의 진행을 나타내는 '在…呢', '正在…呢'와 함께 쓰기도 합니다.

주어 → 동사 → 着 → 목적어

> 예 新娘穿着红旗袍，头上戴着大红花。
> Xīnniáng chuānzhe hóng qípáo, tóushang dàizhe dà hóng huā.
>
> 墙上贴着双喜字。Qiángshang tiēzhe shuāng xǐ zì.
>
> 新郎在给客人倒着喜酒呢。Xīnláng zài gěi kèrén dàozhe xǐjiǔ ne.

 **단어**

喜酒 xǐjiǔ 명 결혼 축하주 | **喜糖** xǐtáng 명 결혼 축하 사탕 | **琉璃厂** Liúlíchǎng 명 리우리창(베이징의 거리 이름) | **王府井** Wángfǔjǐng 명 왕푸징(베이징의 거리 이름) | **墙上** qiángshang 명 담장, 벽 | **贴** tiē 동 붙이다 | **双** shuāng 형 두 개의, 쌍의 | **字** zì 명 글자 | **倒** dào 동 붓다, 따르다

3 정도보어 '得'

동사나 형용사 뒤에서 보충 설명하는 말을 '보어'라고 하는데, 동작이 달성한 정도나 상태를 보충 설명하는 보어를 '정도보어'라고 합니다. 주로 형용사가 정도보어로 사용되며, 이때 동사와 정도보어는 구조조사 '得'로 연결합니다.

예 客人来得不少啊! Kèrén lái de bù shǎo a!
　我是夜猫子，每天睡得很晚。 Wǒ shì yèmāozi, měitiān shuì de hěn wǎn.

동사 뒤에 목적어가 있을 경우는 목적어 뒤에 동사를 반복합니다.

예 我跳舞跳得不怎么样。 Wǒ tiàowǔ tiào de bù zěnmeyàng.
　新娘唱歌唱得挺好的。 Xīnniáng chànggē chàng de tǐng hǎo de.

4 동사 '祝'

동사 '祝'는 '축하하다', '축복하다'라는 뜻과 더불어 '~하기 바란다', '기원하다'라는 의미로, 상대방에게 축복하거나 소망이 이루어지기를 바라는 마음을 전할 때 사용합니다.

예 祝你们白头偕老! Zhù nǐmen báitóuxiélǎo!
　祝你一路顺风! Zhù nǐ yílùshùnfēng!
　祝你学习进步! Zhù nǐ xuéxí jìnbù!

夜猫子 yèmāozi 몡 올빼미, 밤늦도록 자지 않는 사람 | 晚 wǎn 혱 늦다 | 跳舞 tiàowǔ 동 춤추다 | 不怎么样 bù zěnmeyàng 그리 좋지 않다, 보통이다 | 唱歌 chànggē 동 노래 부르다 | 挺 tǐng 부 매우, 대단히 | 一路顺风 yílùshùnfēng 성 가시는 길이 순조롭기를 바랍니다 | 进步 jìnbù 동 진보하다

종합 연습

1 다음 중국어 문장을 보고 해당하는 사진을 고르세요.

1) 七夕节也是表白爱情的日子。 （　）

2) 墙上倒贴着'福'字。 　　　　（　）

A.　　　　　　　　　　　　B.

2 다음 빈칸에 들어갈 알맞은 표현을 보기에서 고르세요.

> A 的　　B 得　　C 过　　D 着　　E 有的…有的…

1) 这几年很多年轻人喜欢 ☐ 情人节。

2) ☐ 人送巧克力, ☐ 人送戒指。

3) 新娘穿 ☐ 红旗袍, 头上戴 ☐ 大红花。

4) 客人来 ☐ 不少啊!

3 어울리는 문장을 연결하여 대화문을 만드세요.

1) 中国一般送什么礼物?　　　　·　　　　· A. 到处都是巧克力。

2) 今天是情人节。　　　　　　　·　　　　· B. 我们一起干杯!

3) 新郎，新娘敬酒来了。　　　　·　　　　· C. 有的人送巧克力，有的人送戒指。

4 다음 그림과 단어를 이용하여 대화를 완성하세요.

自己的家　饭店　快餐店

1) A: 你平时最想收到的礼物是什么?

   B: _____

   A: 你过生日的时候喜欢在哪儿吃饭?

   B: _____

亲戚　朋友　前辈

2) A: 你参加过谁的婚礼?

   B: _____

   A: 你想去哪儿度蜜月?

   B: _____

단어

饰品 shìpǐn 명 장신구, 액세서리 | **商品券** shāngpǐnquàn 명 상품권 | **皮包** píbāo 명 가죽 핸드백 | **饭店** fàndiàn 명 호텔 | **快餐店** kuàicāndiàn 명 패스트푸드 가게 | **济州岛** Jìzhōudǎo 명 제주도 | **夏威夷** Xiàwēiyí 명 하와이 | **巴黎** Bālí 명 파리 | **亲戚** qīnqi 명 친척 | **前辈** qiánbèi 명 연장자, 선배

 간체자 쓰기

획순	到到到到到到到	处处处处处

到处
dàochù
도처, 곳곳

획순	礼礼礼礼礼	物物物物物物物

礼物
lǐwù
선물, 예물

획순	有有有有有有	的的的的的的的

有的
yǒude
어떤 것

획순	爱爱爱爱爱爱爱爱爱	情情情情情情情情

爱情
àiqíng
사랑, 애정

획순	热 热 热 热 热 热 热 热 热 热　闹 闹 闹 闹 闹 闹 闹 闹
热闹	热　闹
rènao	rènao
번화하다, 떠들썩하다	

획순	婚 婚 婚 婚 婚 婚 婚 婚 婚 婚 婚　礼 礼 礼 礼 礼
婚礼	婚　礼
hūnlǐ	hūnlǐ
결혼식	

획순	头 头 头 头 头　　上 上 上
头上	头　上
tóushang	tóushang
머리 위	

획순	客 客 客 客 客 客 客 客 客　人 人
客人	客　人
kèrén	kèrén
손님, 고객	

5과 중국의 결혼 문화

6과
중국의 문학

회화 1 고전 문학가, 이백
회화 2 현대 문학가, 노신

당(唐)나라를 대표하는 시인은 누구일까요?

당(唐 Táng)나라를 대표하는 시인은 이백(李白 Lǐ Bái)으로, 자는 태백(太白 Tàibái), 호는 청련거사(青莲居士 Qīngliánjūshì)입니다. 두보(杜甫 Dù Fǔ)가 "붓을 대면 놀란 듯한 비바람 일게 하고, 시가 이룩되면 귀신도 울린다"고 할 정도로 이백은 뛰어난 재능을 지닌 시인입니다.

세속의 가치를 가벼이 여기고 구속을 싫어했던 이백은 평생 유랑 생활을 하면서 어지러운 세상에 대한 격분과 세속을 시로 노래했습니다. 특히 달과 술을 좋아하며 낭만적이고 자유분방했던 그의 생활에서 우러나온 시들은 많은 이들의 공감을 불러 일으켰습니다. 그의 시 가운데 평생 나그네 생활을 했던 이백이 고향에 대한 그리움을 노래한 '고요한 밤 생각'이라는 〈静夜思 Jìng yè sī〉는 중국 교과서에 실리고 동요로도 만들어졌습니다.

'현대 문학의 아버지'라 불리는 중국 작가는 누구일까요?

노신(鲁迅 Lǔ Xùn)의 본명은 주수인(周树人 Zhōu Shùrén)으로, 중국의 위대한 문학가이자, 사상가이며 혁명가인 그는 1902년 국비 장학생으로 일본에서 의학을 공부하던 중 우연히 슬라이드를 보게 되었습니다. 화면에서 한 건장한 중국인이 러시아 첩자라는 죄명을 뒤집어쓰고 일본군에게 참수를 당하는데, 다른 중국인들이 무덤덤한 얼굴로 그저 구경만 하는 것이었습니다. 그때 노신은 '무지한 국민은 체격이 아무리 건장해도 바보 같은 구경꾼밖에 되지 않는다'는 것을 깨닫고 중국인에게 가장 필요한 것은 바로 정신의 변화이고, 정신을 변화시키는 데는 문학이 가장 적합하다고 생각했습니다. 이후 그는 의학을 그만두고 노신이라는 필명으로 문학 창작을 시작했습니다. 문학을 통해 '사회를 개량하고 국민성을 계몽'하고자 했던 그는 〈광인일기(狂人日记 Kuángrén rìjì)〉, 〈공을기(孔乙己 Kǒngyǐjǐ)〉, 〈고향(故乡 Gùxiāng)〉, 〈아큐정전(阿Q正传 ĀQ Zhèngzhuàn)〉 등의 소설을 창작하여 사회에 큰 반향을 불러 일으켰습니다. 그 가운데 봉건적인 중국 사회가 만들어낸 민족적 비극을 폭로하고 우매한 민족성을 풍자한 〈阿Q正传〉이 가장 대표적인 작품으로 꼽힙니다.

주제 토론

이백(李白)의 대표작을 찾아 소개해 봅시다.

당(唐)나라 시인을 찾아 발표해 봅시다.

중국의 문학

01 02 03 04

노신(魯迅)의 삶과 작품에 대해 조사해 봅시다.

중국 노벨 문학상 수상 작가를 찾아보고, 그의 작품에 함축된 의미에 대해 토론해 봅시다.

새 단어

MP3 6-1

▶▶ 회화 1

- 每 měi 대 매, 각, ~마다
- 首 shǒu 양 수(诗를 세는 단위)
- 像 xiàng 동 같다, 닮다
  부 마치 (~인 것 같다, ~인 듯하다)
- 幅 fú 양 폭(옷감·종이·그림 등을 세는 단위)
- 美丽 měilì 형 아름답다, 예쁘다
- 画儿 huàr 명 그림
- 诗情画意 shīqínghuàyì
  성 시의 정취와 그림의 분위기, 시와 그림의 경지
- 位 wèi 양 분(공경의 뜻을 내포함)
- 诗人 shīrén 명 시인
- 浪漫 làngmàn 형 낭만적이다, 로맨틱하다
- 主义 zhǔyì 명 주의(어떤 방면의 관점이나 기풍)
- 背 bèi 동 외우다

▶▶ 회화 2

- 小说 xiǎoshuō 명 소설, 소설책
- 作家 zuòjiā 명 작가
- 原来 yuánlái 부 이전에, 원래, 알고 보니
- 西医 xīyī 명 서양 의학
- 退学 tuìxué 동 퇴학하다, 학교를 그만두다
- 以后 yǐhòu 명 이후, 금후
- 从事 cóngshì 동 종사하다, 몸담다
- 创作 chuàngzuò 동 (문예 작품을) 창작하다
- 除了…以外, 还… chúle…yǐwài, hái…
  ~외에도, 또 ~하다
- 著名 zhùmíng 형 저명하다, 유명하다

회화 1 고전 문학가, 이백

당나라 시인 이백에 대해 김민호와 왕리가 이야기합니다.

金民浩 每首唐诗就像一幅美丽的画儿。
Měi shǒu Tángshī jiù xiàng yì fú měilì de huàr.

王 丽 真是诗情画意啊！你喜欢哪位诗人？
Zhēnshi shīqínghuàyì a! Nǐ xǐhuan nǎ wèi shīrén?

金民浩 我喜欢浪漫主义诗人李白。你呢？
Wǒ xǐhuan làngmàn zhǔyì shīrén Lǐ Bái. Nǐ ne?

王 丽 我喜欢杜甫。李白的诗，你有没有能背的？
Wǒ xǐhuan Dù Fǔ. Lǐ Bái de shī, nǐ yǒu méiyǒu néng bèi de?

金民浩 有，我能背〈静夜思〉。
Yǒu, wǒ néng bèi <Jìng yè sī>.

王 丽 真的吗？背给我听听。
Zhēnde ma? Bèi gěi wǒ tīngting.

회화 2 현대 문학가, 노신

중국 현대 문학가 노신에 대해 김민호와 왕리가 이야기합니다.

金民浩 你在看什么书?
Nǐ zài kàn shénme shū?

王丽 我在看鲁迅的小说〈阿Q正传〉。
Wǒ zài kàn Lǔ Xùn de xiǎoshuō <ĀQ Zhèngzhuàn>.

金民浩 鲁迅是有名的作家吗?
Lǔ Xùn shì yǒumíng de zuòjiā ma?

王丽 是。他原来学西医,退学以后从事文学创作。
Shì. Tā yuánlái xué xīyī, tuìxué yǐhòu cóngshì wénxué chuàngzuò.

金民浩 真了不起! 除了〈阿Q正传〉以外,
Zhēn liǎobuqǐ! Chúle <ĀQ Zhèngzhuàn> yǐwài,

还有什么著名的小说?
hái yǒu shénme zhùmíng de xiǎoshuō?

王丽 有〈狂人日记〉、〈孔乙己〉、〈故乡〉等等。
Yǒu <Kuángrén rìjì>、 <Kǒngyǐjǐ>、 <Gùxiāng> děngděng.

 문장 말하기

MP3 6-4

녹음을 듣고 따라 읽으세요.

1
李白　　　　　　　　　Lǐ Bái
诗人李白　　　　　　　shīrén Lǐ Bái
浪漫主义诗人李白　　　làngmàn zhǔyì shīrén Lǐ Bái
我喜欢浪漫主义诗人李白。　Wǒ xǐhuan làngmàn zhǔyì shīrén Lǐ Bái.

2
书　　　　　　shū
什么书　　　　shénme shū
看什么书　　　kàn shénme shū
你在看什么书？　Nǐ zài kàn shénme shū?

3
真是诗情画意啊!
名不虚传
物美价廉
秋高气爽

단어
名不虚传 míngbùxūchuán
⑱ 명실상부하다
物美价廉 wùměijiàlián
⑱ 상품의 질이 좋고 값도 저렴하다
秋高气爽 qiūgāoqìshuǎng
⑱ 가을 하늘은 높고 날씨는 상쾌하다

4 除了〈阿Q正传〉以外，还有什么著名的小说？

李白　　　　　诗人
故宫　　　　　景点
成龙　　　　　明星

故宫 Gùgōng
⑲ 고궁(베이징에 있는 자금성을 가리킴)
景点 jǐngdiǎn ⑲ 명승지, 명소
成龙 Chéng Lóng
성룡(중국 영화 배우)
明星 míngxīng ⑲ 스타

MP3 6-5

녹음을 듣고 따라 읽으면서 괄호 안에 알맞은 한어병음이나 한자를 써 보세요.

따라 읽기 ☐☐☐

1 Měi shǒu Tángshī jiù (   ) yì fú měilì de huàr.

따라 읽기 ☐☐☐

2 Wǒ (   ) kàn Lǔ Xùn de xiǎoshuō <ĀQ Zhèngzhuàn>.

따라 읽기 ☐☐☐

3 李白的诗，你有没有(   )背的?

따라 읽기 ☐☐☐

4 他(   )学西医，退学以后从事文学创作。

 핵심 문법

1 동사 '像'

'像'은 '마치 ~인 것 같다'라는 뜻의 동사로, 문장 끝에 '似的', '一样' 등을 함께 쓸 수 있으며, '像' 앞에는 부사 '就', '很', '简直' 등을 쓸 수 있습니다.

> 예 每首唐诗就像一幅美丽的画儿。Měi shǒu Tángshī jiù xiàng yì fú měilì de huàr.
>
> 我像在哪儿见过他似的。Wǒ xiàng zài nǎr jiànguo tā shìde.
>
> 他长得很帅，简直像电影明星一样。
> Tā zhǎng de hěn shuài, jiǎnzhí xiàng diànyǐng míngxīng yíyàng.

2 부사 '原来'

'原来'는 '원래', '이전에'라는 뜻의 부사로, '이전에는 그랬지만 지금은 그렇지 않다'라는 뜻을 내포하고 있습니다.

> 예 他原来学西医，退学以后从事文学创作。
> Tā yuánlái xué xīyī, tuìxué yǐhòu cóngshì wénxué chuàngzuò.
>
> 他原来很穷，现在成了富翁。
> Tā yuánlái hěn qióng, xiànzài chéng le fùwēng.

또는 '알고 보니'라는 뜻으로, '몰랐던 사실을 알게 되었음'을 나타내기도 합니다.

> 예 我以为是王老师，原来是你啊！
> Wǒ yǐwéi shì Wáng lǎoshī, yuánlái shì nǐ a!
>
> 收集了这么多光盘，你原来是电影迷啊！
> Shōují le zhème duō guāngpán, nǐ yuánlái shì diànyǐngmí a!

 단어

见 jiàn 동 마주치다, 만나다 | 长 zhǎng 동 생기다 | 帅 shuài 형 잘생기다, 멋지다 | 简直 jiǎnzhí 부 그야말로, 완전히 | 穷 qióng 형 빈곤하다, 가난하다 | 成 chéng 동 ~이 되다, ~으로 변하다 | 富翁 fùwēng 명 부자 | 以为 yǐwéi 동 여기다, 생각하다 | 收集 shōují 동 수집하다, 모으다 | 光盘 guāngpán 명 시디(CD) | 电影迷 diànyǐngmí 영화 팬, 영화 광

3 '除了…以外，还/也…'

'除了…以外，还/也…'는 '~외에도, 또 ~(하다)'라는 의미로, 앞 문장에서 말한 것 외에 추가적인 것이 더 있음을 표현합니다. 이 구문은 '除了', '以外'를 모두 써도 되고, 두 개 중 한 개의 단어만 써도 같은 표현이 됩니다.

> 예 除了〈阿Q正传〉以外，还有什么著名的小说?
> Chúle <ĀQ Zhèngzhuàn> yǐwài, hái yǒu shénme zhùmíng de xiǎoshuō?
>
> 除了北京烤鸭以外，我还想吃火锅。
> Chúle Běijīng kǎoyā yǐwài, wǒ hái xiǎng chī huǒguō.
>
> 我除了长城以外，还去过颐和园。
> Wǒ chúle Chángchéng yǐwài, hái qùguo Yíhéyuán.

4 개사 '给'

'给'를 '주다'라는 뜻의 동사로 쓰기도 하지만, '~에게'라는 뜻으로, 대상을 나타내는 개사로도 쓸 수 있습니다. 동사 뒤에 '给'는 개사가 되어 '어떤 대상에게 무엇인가를 해주거나 넘겨준다'는 의미를 나타냅니다.

> 예 真的吗? 背给我听听。 Zhēn de ma? Bèi gěi wǒ tīngting.
>
> 他送给了我中国小说。 Tā sòng gěi le wǒ Zhōngguó xiǎoshuō.
>
> 那本小说, 你可以借给我吗? Nà běn xiǎoshuō, nǐ kěyǐ jiè gěi wǒ ma?

长城 Chángchéng 명 만리장성 | 颐和园 Yíhéyuán 명 이화원(베이징에 있는 유명한 황실 정원) | 借 jiè 동 빌리다, 빌려주다

종합 연습

1 다음 중국어 문장을 보고 해당하는 사진을 고르세요.

1) 每首唐诗真是诗情画意啊!　（　）

2) 鲁迅是很有名的现代作家。　（　）

A.　　　　　　　　　　B.

2 다음 빈칸에 들어갈 알맞은 표현을 보기에서 고르세요.

> A 给　　B 还　　C 都　　D 像　　E 原来

1) 每首唐诗就 ____ 一幅美丽的画儿!

2) 背 ____ 我听听。

3) 他 ____ 学西医，退学以后从事文学创作。

4) 除了〈阿Q正传〉以外， ____ 有什么著名的小说?

3 어울리는 문장을 연결하여 대화문을 만드세요.

1) 你喜欢哪位诗人?　　　　　A. 我在看鲁迅的小说〈阿Q正传〉。

2) 你有没有能背的?　　　　　B. 我喜欢浪漫主义诗人李白。

3) 你在看什么书?　　　　　　C. 有，我能背〈静夜思〉。

4 다음 그림과 단어를 이용하여 대화를 완성하세요.

小说　　诗　　散文

1) A: 你喜欢什么样的文学?

B: _____

A: 你看过哪些中国古代小说?

B: _____

看小说　　听古典音乐　　打羽毛球

2) A: 你的爱好是什么?

B: _____

A: 你平时做什么?

B: _____

단어

三国志 Sānguózhì 명 삼국지 | 水浒传 Shuǐhǔzhuàn 명 수호전 | 西游记 Xīyóujì 명 서유기 | 散文 sǎnwén 명 산문 | 古代 gǔdài 명 고대 | 古典音乐 gǔdiǎnyīnyuè 명 고전 음악, 클래식 | 羽毛球 yǔmáoqiú 명 배드민턴

 간체자 쓰기

획순	美 美 美 美 美 美 美 美	丽 丽 丽 丽 丽 丽 丽
美丽	美	丽
měilì	měilì	
아름답다, 예쁘다		

획순	画 画 画 画 画 画 画 画	儿 儿
画儿	画	儿
huàr	huàr	
그림		

획순	诗 诗 诗 诗 诗 诗 诗	人 人
诗人	诗	人
shīrén	shīrén	
시인		

획순	主 主 主 主 主	义 义 义
主义	主	义
zhǔyì	zhǔyì	
주의		

획순	小小小	说说说说说说说说说
小说	小 说	
xiǎoshuō	xiǎoshuō	
소설, 소설책		

획순	西西西西西西	医医医医医医医
西医	西 医	
xīyī	xīyī	
서양 의학		

획순	从从从从	事事事事事事事事
从事	从 事	
cóngshì	cóngshì	
종사하다		

획순	创创创创创创	作作作作作作作
创作	创 作	
chuàngzuò	chuàngzuò	
창작하다		

7과
중국의 예술

회화 1 전통 공연 예술, 경극
회화 2 현대 대중 예술, 영화

'베이징 오페라'로 불리는 경극(京剧)에 대해 알아볼까요?

경극(京剧 jīngjù)은 1790년 청(清 Qīng)나라 황제 건륭제(乾隆帝 Qiánlóngdì)의 80세 생일 잔치를 위해 안휘성의 극단이 베이징에 올라와 공연을 한 것이 계기가 되어 발전하게 되었습니다. 이들이 공연한 것은 전통극인 '곤곡(昆曲 kūnqǔ)'에 비해 이해하기 쉽고 서민들의 생활이 반영되어 있어 베이징 일대에서 크게 유행하기 시작했고, 이후 호북(湖北 Húběi), 섬서(陕西 Shǎnxī) 지방의 곡조와 합쳐지면서 본격적으로 경극으로 발전했습니다.

그러면 경극의 구성과 주요한 특징은 무엇일까요? 경극은 노래인 '창(唱 chàng)', 대사인 '념(念 niàn)', 동작과 기법인 '작(作 zuò)', 무술 동작인 '타(打 dǎ)'로 구성되어 있습니다. 경극의 가장 두드러진 특징은 다양한 색조의 얼굴 분장인 '검보(脸谱 liǎnpǔ)'입니다. '脸'은 '얼굴'을 의미하고, '谱'는 '형식', '계보'를 의미하는데, 얼굴 분장인 검보의 색은 배우들의 성격과 캐릭터를 나타냅니다. 예를 들어 붉은색은 충성과 용기, 검정색은 강직과 정직, 흰색은 음흉과 간사함, 남색은 굳센 의지와 용맹함을 나타냅니다.

천극(川剧)의 주요 특징인 '변검(变脸)'은 무엇일까요?

경극 외에도 중국에는 30여 종의 지방극이 있는데, 그 가운데 사천(四川 Sìchuān) 지역의 '천극(川剧 chuānjù)'이 가장 유명합니다. 천극의 가장 두드러진 특징은 '변검(变脸 biànliǎn)'으로, 변검은 얼굴의 가면이 마술처럼 순식간에 다른 얼굴로 바뀝니다. 얼굴에 손을 대지 않고 순식간에 다른 가면으로 바꿔서 등장인물의 심리 상태를 나타냅니다. 관객이 미처 주의하지 못할 정도로 순식간에 변하기 때문에 절로 감탄을 자아냅니다.

변검의 비법은 여자, 외국인에게는 전수하지 않는다는 원칙이 있었지만, 지금은 여자와 외국인들도 전수 받은 사람이 있습니다. 한국에도 전수받은 사람들이 있지만 여전히 소수에게만 전해질뿐 그 비법은 대외적으로 공개되지 않았습니다. 변검은 현재 중국 국가에서 보호하고 있는 공연 예술로, 중국 내에서 뿐만 아니라 해외에서도 중국의 전통 기예로 널리 소개되고 있습니다.

주제 토론

중국의 경극을
찾아보고
느낌을 나누어 봅시다.

중국의 경극과
우리나라의 판소리를
비교해 봅시다.

01

02

중국의 예술

03

04

해외 유명
영화제에서 수상한
중국 영화를 찾아
발표해 봅시다.

재미있게 본
중국 영화를
소개해 봅시다.

새 단어

MP3 7-1

▶▶ 회화 1

□ 对 duì 〔개〕 ~에게, ~에 대해

□ 京剧 jīngjù 〔명〕 경극

□ 听不懂 tīngbudǒng 알아들을 수 없다, 알아듣지 못하다

□ 唱 chàng 〔동〕 노래하다

□ 内容 nèiróng 〔명〕 내용

□ 演员 yǎnyuán 〔명〕 배우, 연기자

□ 表演 biǎoyǎn 〔동〕 공연하다, 연기하다

□ 服装 fúzhuāng 〔명〕 복장, 의상

□ 脸谱 liǎnpǔ 중국 경극에서 일부 배역들의 얼굴 화장(분장)을 말함

□ 表现 biǎoxiàn 〔동〕 나타내다, 표현하다

□ 各种 gèzhǒng 〔형〕 각종의, 갖가지의

□ 人物 rénwù 〔명〕 인물

□ 性格 xìnggé 〔명〕 성격

▶▶ 회화 2

□ 百闻不如一见 bǎiwén bùrú yíjiàn 〔성〕 백 번 듣는 것이 한 번 보는 것만 못하다, 백문이 불여일견이다

□ 武打 wǔdǎ 〔명〕 격투, 무술

□ 非常 fēicháng 〔부〕 대단히, 매우, 아주

□ 精彩 jīngcǎi 〔형〕 뛰어나다, 훌륭하다, 멋지다

□ 功夫 gōngfu 〔명〕 쿵푸, 무술

□ 开始 kāishǐ 〔동〕 시작되다, 개시하다, 시작하다

□ 这样 zhèyàng 〔대〕 이렇다, 이와 같다

7과 중국의 예술 95

회화 1 — 전통 공연 예술, 경극

중국의 경극에 대해 왕리와 김민호가 이야기합니다.

王丽 你对京剧感兴趣吗?
Nǐ duì jīngjù gǎn xìngqù ma?

金民浩 感兴趣是感兴趣,
Gǎn xìngqù shì gǎn xìngqù,

不过听不懂唱的内容是什么。
búguò tīngbudǒng chàng de nèiróng shì shénme.

王丽 那么你喜欢京剧的什么?
Nàme nǐ xǐhuan jīngjù de shénme?

金民浩 我喜欢演员的表演和服装,还喜欢京剧的脸谱。
Wǒ xǐhuan yǎnyuán de biǎoyǎn hé fúzhuāng, hái xǐhuan jīngjù de liǎnpǔ.

王丽 脸谱能表现出各种人物的性格和地位。
Liǎnpǔ néng biǎoxiàn chū gèzhǒng rénwù de xìnggé hé dìwèi.

金民浩 要是有时间的话,咱们一起去看吧!
Yàoshi yǒu shíjiān dehuà, zánmen yìqǐ qù kàn ba!

회화 2 현대 대중 예술, 영화

영화 〈소림사〉에 대해 김민호와 왕리가 이야기합니다.

金民浩 哇！少林寺，真是百闻不如一见！
Wā! Shàolínsì, zhēnshi bǎiwén bùrú yí jiàn!

王 丽 你看过〈少林寺〉电影吧？
Nǐ kànguo <Shàolínsì> diànyǐng ba?

金民浩 看过。演员的武打非常精彩。
Kànguo. Yǎnyuán de wǔdǎ fēicháng jīngcǎi.

王 丽 小时候我很想学少林功夫。
Xiǎo shíhou wǒ hěn xiǎng xué shàolín gōngfu.

金民浩 是吗？我从看〈少林寺〉电影以后，
Shì ma? Wǒ cóng kàn <Shàolínsì> diànyǐng yǐhòu,

开始对汉语感兴趣了。
kāishǐ duì Hànyǔ gǎn xìngqù le.

王 丽 原来是这样！
Yuánlái shì zhèyàng!

문장 말하기

MP3 7-4

녹음을 듣고 따라 읽으세요.

1
服装　fúzhuāng
表演和服装　biǎoyǎn hé fúzhuāng
演员的表演和服装　yǎnyuán de biǎoyǎn hé fúzhuāng
我喜欢演员的表演和服装。　Wǒ xǐhuan yǎnyuán de biǎoyǎn hé fúzhuāng.

2
精彩　jīngcǎi
非常精彩　fēicháng jīngcǎi
武打非常精彩　wǔdǎ fēicháng jīngcǎi
演员的武打非常精彩。　Yǎnyuán de wǔdǎ fēicháng jīngcǎi.

3 你对京剧感兴趣吗?
历史
文学
政治

단어
历史 lìshǐ 명 역사
文学 wénxué 명 문학

4 小时候我很想学少林功夫。
吉他
小提琴
萨克斯

吉他 jítā 명 기타
小提琴 xiǎotíqín 명 바이올린
萨克斯 sàkèsī 명 색소폰

98

MP3 7-5

녹음을 듣고 따라 읽으면서 괄호 안에 알맞은 한어병음이나 한자를 써 보세요.

따라 읽기 □□□

1 Shàolínsì, zhēnshi bǎiwén (　　　) yí jiàn!

따라 읽기 □□□

2 Wǒ (　　　) kàn <Shàolínsì> diànyǐng yǐhòu, kāishǐ duì Hànyǔ gǎn xìngqù le.

따라 읽기 □□□

3 感兴趣是感兴趣，(　　　)听不懂唱的内容是什么。

따라 읽기 □□□

4 (　　　)有时间的话，咱们一起去看吧！

7과 중국의 예술 99

핵심 문법

1 개사 '对'

'对'는 '~에 대해'라는 뜻의 개사입니다. '어떤 대상에 대해 흥미가 있다'라고 표현할 때 '对…感兴趣'의 형식을 씁니다.

주어 → 对 → 관심 대상 → 感兴趣

예 你对京剧感兴趣吗? Nǐ duì jīngjù gǎn xìngqù ma?
我对古典音乐感兴趣。 Wǒ duì gǔdiǎn yīnyuè gǎn xìngqù.
我对中国文化很感兴趣。 Wǒ duì Zhōngguó wénhuà hěn gǎn xìngqù.

2 '…是…, 不过'

'…是…, 不过'는 '~이긴 ~이지만, 그러나'의 의미로, 먼저 어떤 사실을 긍정하고, 후에 다른 의견을 말하는 표현입니다. '是'의 앞뒤에는 같은 명사나 동사, 형용사를 반복해서 씁니다.

주어 → A 是 A → 不过

예 感兴趣是感兴趣，不过听不懂唱的内容是什么。
Gǎn xìngqù shì gǎn xìngqù, búguò tīngbudǒng chàng de nèiróng shì shénme.
好吃是好吃，不过有点儿辣。 Hǎochī shì hǎochī, búguò yǒudiǎnr là.
汉语难是难，不过很有意思。 Hànyǔ nán shì nán, búguò hěn yǒu yìsi.

단어

好吃 hǎochī 형 맛있다

3　'要是…的话'

'要是…的话'는 '만약 ~한다면'이라는 의미로, 가정의 상황을 표현합니다. '要是'와 '的话' 둘 중 하나를 생략해도 같은 뜻이며, '要是'는 '如果'로 바꾸어 쓸 수 있습니다.

예 **要是有时间的话，咱们一起去看吧！**
　　Yàoshi yǒu shíjiān dehuà, zánmen yìqǐ qù kàn ba!

　　如果你想学功夫的话，随时来找我。
　　Rúguǒ nǐ xiǎng xué gōngfu dehuà, suíshí lái zhǎo wǒ.

　　要是明天不下雨，我们就去参观故宫。
　　Yàoshi míngtiān bú xiàyǔ, wǒmen jiù qù cānguān Gùgōng.

4　'从…开始…'

'从'은 '~부터'라는 시간이나 공간의 시점을 나타내는 개사이고, '开始'는 '시작하다'라는 뜻의 동사입니다. '~부터 시작하다/시작했다'라고 시작점을 표현할 때 이 구문을 사용합니다.

예 **我从看〈少林寺〉电影以后，开始对汉语感兴趣了。**
　　Wǒ cóng kàn 〈Shàolínsì〉 diànyǐng yǐhòu, kāishǐ duì Hànyǔ gǎn xìngqù le.

　　从明天开始，我们一起学中国结吧。
　　Cóng míngtiān kāishǐ, wǒmen yìqǐ xué Zhōngguó jié ba.

　　他从小开始迷上了中国京剧。
　　Tā cóng xiǎo kāishǐ míshang le Zhōngguó jīngjù.

随时 suíshí 부 수시로, 언제나 | **下雨** xiàyǔ 동 비가 오다 | **参观** cānguān 동 참관하다, 견학하다 | **中国结** Zhōngguó jié 명 중국 매듭 | **迷** mí 동 빠지다, 심취하다

 **종합 연습**

1 다음 중국어 문장을 보고 해당하는 사진을 고르세요.

1) 我喜欢京剧的脸谱。（　）

2) 演员的武打非常精彩。（　）

A.　　　　　　　　　　　　B.

2 다음 빈칸에 들어갈 알맞은 표현을 보기에서 고르세요.

A 从　　B 因为　　C 要是　　D 是　　E 对

1) 你　　　　京剧感兴趣吗?

2) 感兴趣　　　　感兴趣，不过听不懂唱的内容是什么。

3) 　　　　有时间的话，咱们一起去看吧!

4) 我　　　　看〈少林寺〉电影以后，开始对汉语感兴趣了。

3 어울리는 문장을 연결하여 대화문을 만드세요.

1) 你喜欢京剧的什么?　　　　　　　　A. 开始对汉语感兴趣了。

2) 你看过〈少林寺〉电影吧?　　　　　　B. 我喜欢演员的表演和服装。

3) 我从看〈少林寺〉电影以后,　　　　　C. 看过。演员的武打非常精彩。

4 다음 그림과 단어를 이용하여 대화를 완성하세요.

中国画   中国书法   中国乐器

1) A: 你对中国的什么感兴趣?

   B: _____

   A: 中国的传统乐器中，你想学什么?

   B: _____

〈人生〉   〈霸王别姬〉   〈甜蜜蜜〉

2) A: 你喜欢看什么样的电影?

   B: _____

   A: 你看过中国的什么电影?

   B: _____

 단어

琵琶 pípá 명 비파 | 古筝 gǔzhēng 명 쟁 | 书法 shūfǎ 명 서예, 서법 | 乐器 yuèqì 명 악기 | 武打片 wǔdǎpiàn 명 무술 영화, 쿵푸 영화 | 爱情片 àiqíngpiàn 명 애정 영화 | 科幻片 kēhuànpiàn 명 과학 공상 영화

 간체자 쓰기

획순	内冂内内	容容容容宀宀宀容容
内容 **nèiróng** 내용	内 容 nèiróng	

획순	京京京京京京京京	剧剧剧尸尸尸居居剧剧
京剧 **jīngjù** 경극	京 剧 jīngjù	

획순	演演演演演演演演演演演演演	员员员员员员员
演员 **yǎnyuán** 배우, 연기자	演 员 yǎnyuán	

획순	表表表表表表表表	现现现现现现现现
表现 **biǎoxiàn** 나타내다, 표현하다	表 现 biǎoxiàn	

104

획순	性性性性性性性性	格格格格格格格格格
性格 xìnggé 성격	性 格 xìnggé	

획순	精精精精精精精精精精	彩彩彩彩彩彩彩彩彩
精彩 jīngcǎi 뛰어나다	精 彩 jīngcǎi	

획순	开开开开	始始始始始始始始
开始 kāishǐ 시작되다	开 始 kāishǐ	

획순	这这这这这这这	样样样样样样样样样样
这样 zhèyàng 이렇다	这 样 zhèyàng	

8과
중국의 주거 문화

회화 1 베이징의 사합원
회화 2 복건성의 토루

베이징(北京)의 전통 가옥은 무엇일까요?

베이징의 전통 가옥은 '사합원(四合院 sìhéyuàn)'이라고 부릅니다. 사합원의 '四 sì'는 '동서남북(东西南北 dōngxīnánběi)'을 상징하고, '合 hé'는 동서남북 사면의 건물이 모여 '입 구(口 kǒu)'자를 형성하는 것을 말합니다. 즉, 가옥 형태가 사면을 둘러싼 네모 형태를 하고 있으며 그 가운데에 정원이 있는데, '院 yuàn'은 바로 정원을 뜻합니다.

음양오행설과 풍수사상에 근거해 위치와 방향을 정한 사합원은 외부세계와 단절된 폐쇄적인 특징을 지닌 건축 양식으로, 방 배정에 '상하존비(上下尊卑 shàngxià zūnbēi)'가 뚜렷하게 나타납니다. 남향으로 지어진 제일 좋은 북쪽의 방을 '정방(正房 zhèngfáng)'이라 하며, 햇볕이 잘 들어 따뜻하기 때문에 가장이나 연장자가 거주하도록 했습니다. 양쪽 방은 '상방(厢房 xiāngfáng)'이라 하는데 동쪽은 아들이, 서쪽은 주로 딸이 거주했으며, '도좌방(倒座房 dǎozuòfáng)'이라고 하는 남쪽의 방은 손님이나 하인의 거처 혹은 창고로 이용했습니다.

복건성(福建省) 객가인(客家人)의 전통 가옥은 무엇일까요?

복건성(福建省 Fújiànshěng) 객가인(客家人 Kèjiārén)의 전통 가옥은 '토루(土楼 tǔlóu)'입니다. 2008년 유네스코 세계문화유산으로 지정된 토루는 대부분 명(明 Míng)나라 때 건축된 것으로, 지역에 따라 천년이 넘는 것도 있습니다. 토루는 외벽의 형태에 따라 원형, 반원형, 사각형 등 여러 종류가 있지만 일반적으로 원형이 가장 많습니다. 250명에서 800여

명까지 거주할 수 있는 토루는 흙으로 두껍게 외부를 쌓고 내부는 못을 쓰지 않고 나무를 짜 맞추어 지었습니다. 보통 3~5층으로 지었으며, 1층에는 부엌과 식당이 있고, 2층에는 창고, 3층 이상에는 주거를 위한 침실이 있습니다.

토루는 적의 침입을 방어하기 위해 만들었습니다. 황하강 지역 중원(中原 Zhōngyuán) 일대에 살던 한족들이 전란을 피해 남하하였고, 그들을 객가인이라 불렀는데 그들이 복건성 산속에 토루를 짓고 살았습니다. 토루로 들어가는 문은 오직 하나밖에 없으며, 침실에 있는 창문은 밖을 감시하거나 적이 침입할 때 활을 쏘기 위한 것입니다. 또 마당 곳곳에 우물이 있기 때문에 외부의 적들과 전쟁을 치르더라도 자급자족할 수 있습니다.

토루 안은 하나의 작은 집성촌으로, 위계질서가 있음은 물론이고 교육과 결혼 등도 모두 이 안에서 이루어집니다.

주제 토론

베이징의 전통 가옥을
찾아보고
그 느낌을 이야기 해 봅시다.

한옥과
베이징의 전통 가옥을
비교해 봅시다.

01

02

주거
문화

03

04

중국 각지의
전통 가옥과
그 특징을
조사해 봅시다.

여행지에서
인상 깊었던
건축물을
소개해 봅시다.

새 단어

MP3 8-1

▶▶ 회화 1

- 住宅 zhùzhái 명 주택
- 叫 jiào 동 ~라고 부르다
- 四合院 sìhéyuàn 명 사합원(베이징의 전통 주택 양식)
- 因为…, 所以… yīnwèi…, suǒyǐ… ~하기 때문에, 그래서 ~하다
- 四面 sìmiàn 명 사면, 사방, 동서남북
- 房屋 fángwū 명 집, 주택, 건물
- 合 hé 동 합치다, 모으다
- 形成 xíngchéng 동 형성되다, 이루어지다
- 字形 zìxíng 명 자형, 글자 형태
- 中间 zhōngjiān 명 중간, 중앙, 중심
- 院子 yuànzi 명 뜰, 정원

▶▶ 회화 2

- 照片 zhàopiàn 명 사진
- 土楼 tǔlóu 명 토루(복건성 객가 지역의 독특한 건축물)
- 规模 guīmó 명 규모, 형태
- 样式 yàngshì 명 형식, 양식, 스타일
- 独特 dútè 형 독특하다, 특이하다
- 圆楼 yuánlóu 명 둥근 모양의 층집
- 层 céng 양 층, 겹
- 住 zhù 동 살다, 거주하다
- 它 tā 대 그(것), 저(것)(사람 이외의 것을 가리킴)
- 地区 dìqū 명 지역, 지구
- 建筑物 jiànzhùwù 명 건축물
- 盖 gài 동 (건물·가옥 등을) 짓다, 건축하다
- 房子 fángzi 명 집, 건물
- 目的 mùdì 명 목적
- 既…, 又… jì…, yòu… ~하고, (또) ~하다
- 利于 lìyú 동 ~에 이롭다, ~에 도움이 되다
- 团聚 tuánjù 동 한 자리에 모이다, 한데 모이다
- 防御 fángyù 동 방어하다
- 战争 zhànzhēng 명 전쟁

회화 1 — 베이징의 사합원

베이징의 전통 가옥인 사합원에 대해 김민호와 왕리가 이야기합니다.

金民浩 我来北京一年了，还没看过北京的传统住宅。
Wǒ lái Běijīng yì nián le, hái méi kànguo Běijīng de chuántǒng zhùzhái.

王丽 北京的传统住宅叫四合院。
Běijīng de chuántǒng zhùzhái jiào sìhéyuàn.

金民浩 为什么叫四合院？
Wèishénme jiào sìhéyuàn?

王丽 因为四面房屋合在一起，形成一个'口'字形，
Yīnwèi sìmiàn fángwū hézài yìqǐ, xíngchéng yí ge 'kǒu' zìxíng,

所以叫四合院。
suǒyǐ jiào sìhéyuàn.

金民浩 那么四合院的'院'指什么？
Nàme sìhéyuàn de 'yuàn' zhǐ shénme?

王丽 '院'是指中间的一个院子。
'Yuàn' shì zhǐ zhōngjiān de yí ge yuànzi.

회화 2 — 복건성의 토루

복건성의 건축물인 토루에 대해 김민호와 왕리가 이야기합니다.

金民浩 我在照片上看过土楼。规模又大，样式又独特。
Wǒ zài zhàopiànshang kànguo tǔlóu. Guīmó yòu dà, yàngshì yòu dútè.

王丽 土楼的样式一般是圆楼，高五六层，
Tǔlóu de yàngshì yìbān shì yuánlóu, gāo wǔ liù céng,

能住七八百人。
néng zhù qī bā bǎi rén.

金民浩 它是哪个地区的建筑物？
Tā shì nǎ ge dìqū de jiànzhùwù?

王丽 是中国东南部客家地区的建筑物。
Shì Zhōngguó dōngnánbù kèjiā dìqū de jiànzhùwù.

金民浩 是吗？盖这种房子的目的是什么？
Shì ma? Gài zhè zhǒng fángzi de mùdì shì shénme?

王丽 既有利于家人团聚，又能防御战争。
Jì yǒu lìyú jiārén tuánjù, yòu néng fángyù zhànzhēng.

문장 말하기

MP3 8-4

녹음을 듣고 따라 읽으세요.

1
院子　　　　　　　　　yuànzi
一个院子　　　　　　　yí ge yuànzi
中间的一个院子　　　　zhōngjiān de yí ge yuànzi
'院'是指中间的一个院子。　'Yuàn' shì zhǐ zhōngjiān de yí ge yuànzi.

2
圆楼　　　　　　　　　yuánlóu
是圆楼　　　　　　　　shì yuánlóu
一般是圆楼　　　　　　yìbān shì yuánlóu
土楼的样式一般是圆楼。　Tǔlóu de yàngshì yìbān shì yuánlóu.

3　还没看过北京的<u>传统住宅</u>。

颐和园
紫禁城
天安门

단어
- 紫禁城 Zǐjìnchéng 명 자금성 (명·청 시대 중국의 황궁)
- 天安门 Tiān'ānmén 명 천안문

4　我在照片上看过<u>土楼</u>。

窑洞
大杂院
蒙古包

- 窑洞 yáodòng 명 동굴 집, 토굴 집(산시(陕西) 지역의 주거형식)
- 大杂院 dàzáyuàn 명 여러 가구가 모여 사는 뜰
- 蒙古包 měnggǔbāo 명 파오(몽골 유목민이 사는 천막집)

문장 쓰기

녹음을 듣고 따라 읽으면서 괄호 안에 알맞은 한어병음이나 한자를 써 보세요.

따라 읽기 ☐☐☐

1 Běijīng de chuántǒng zhùzhái (　　　) sìhéyuàn.

따라 읽기 ☐☐☐

2 (　　　) zhèzhǒng fángzi de mùdì shì shénme?

따라 읽기 ☐☐☐

3 因为四面房屋合在一起，形成一个'口'字形，(　　　)叫四合院。

따라 읽기 ☐☐☐

4 规模(　　　)大，样式(　　　)独特。

1 시량보어

시량보어는 동사 뒤에 쓰여 동작이나 상태의 지속 시간을 나타냅니다.

예 我等了半个小时。Wǒ děng le bàn ge xiǎoshí.
他在四合院住了一年。Tā zài sìhéyuàn zhù le yì nián.

동사가 목적어를 동반한다해도, 시량보어는 동사 바로 뒤에 씁니다. 목적어는 시량보어 뒤에 쓰거나, 동사를 중복한 후 중복된 동사 뒤에 놓습니다.

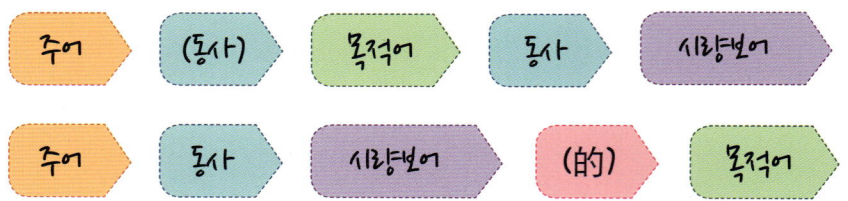

예 我(学)书法学了一年。Wǒ (xué) shūfǎ xué le yì nián.
我晚上看了两个小时(的)武打片。Wǒ wǎnshang kàn le liǎng ge xiǎoshí (de) wǔdǎpiàn.

그러나 목적어가 인칭대명사나 장소인 경우에는 시량보어를 목적어 뒤에 써야 합니다.

예 我来北京一年了。Wǒ lái Běijīng yì nián le.
我等了他半个小时。Wǒ děng le tā bàn ge xiǎoshí.
我等他等了半个小时。Wǒ děng tā děng le bàn ge xiǎoshí.

2 어림수

어림수를 표현할 때는 근접한 수를 연이어 쓰거나 '多', '左右' 등을 사용합니다.

예 这些水果十公斤左右。Zhè xiē shuǐguǒ shí gōngjīn zuǒyòu.

'多'는 제시한 수량보다 약간 많음을 나타내는데, 1~9로 끝나는 연속되는 사물을 셀 경우, 양사 뒤에 '多'를 씁니다. '百', '千', '万'로 끝날 때는 '多'를 바로 뒤에 쓰고 그 뒤에 양사를 씁니다.

 단어

等 děng 통 기다리다 | **小时** xiǎoshí 명 시간 | **公斤** gōngjīn 킬로그램(kg) | **左右** zuǒyòu 명 가량, 쯤 |
太极拳 tàijíquán 명 태극권 | **剧场** jùchǎng 명 극장

예 我学了一个多月的太极拳。Wǒ xué le yí ge duō yuè de tàijíquán.
　　这个剧场可以坐三万多个人。Zhè ge jùchǎng kěyǐ zuò sān wàn duō ge rén.
　　四合院有三千多年的历史了。Sìhéyuàn yǒu sān qiān duō nián de lìshǐ le.

3　병렬복문 '又…, 又…'

두 개 또는 두 개 이상의 독립된 문장이 이어져 있는 것을 복문이라고 합니다. 병렬복문은 형용사, 동사(구)로 된 서술어를 병렬하여, 두 가지 동작이나 상황이 같이 이루어짐을 나타냅니다. 본문의 '又…, 又…' 구문은 '~하기도 하고, ~하기도 하다'라는 뜻으로, 두 가지 상황이나 특성이 동시에 존재함을 나타냅니다.

예 北京的胡同又窄又弯。Běijīng de hútòng yòu zhǎi yòu wān.
　　桂林山水又独特又美丽。Guìlín shānshuǐ yòu dútè yòu měilì.

만약 각 문장의 주어가 다를 경우 '又' 앞에 각각의 주어를 씁니다.

예 规模又大，样式又独特。Guīmó yòu dà, yàngshì yòu dútè.
　　样子又好看，价格又便宜。Yàngzi yòu hǎokàn, jiàgé yòu piányi.

'既…, 又…'도 '~할 뿐 아니라, 또 ~하다'라는 뜻으로, 두 가지 상황이나 성질을 나타내는 것은 '又…, 又…' 구문과 비슷합니다. 다만 '既…, 又…' 주로 '又' 뒤의 내용에 비중을 둡니다.

예 既有利于家人团聚，又能防御战争。
　　Jì yǒu lìyú jiārén tuánjù, yòu néng fángyù zhànzhēng.
　　他既会弹钢琴，又会拉二胡。Tā jì huì tán gāngqín, yòu huì lā èrhú.
　　上海的弄堂既有中国的特色，又有西方的色彩。
　　Shànghǎi de lòngtáng jì yǒu Zhōngguó de tèsè, yòu yǒu xīfāng de sècǎi.

胡同 hútòng 명 골목 | **窄** zhǎi 형 (폭이) 좁다 | **弯** wān 형 구불구불하다 | **桂林** Guìlín 명 구이린, 계림 | **山水** shānshuǐ 명 산과 물, 산수 풍경 | **样子** yàngzi 명 모양, 형태 | **好看** hǎokàn 형 아름답다, 보기 좋다 | **价格** jiàgé 명 가격, 값 | **便宜** piányi 형 (값이) 싸다 | **会** huì 조동 ~를 할 수 있다, ~를 할 줄 알다 | **弹** tán 동 (악기를) 치다, 연주하다 | **钢琴** gāngqín 명 피아노 | **拉** lā 동 켜다, 연주하다 | **弄堂** lòngtáng 명 골목 | **特色** tèsè 명 특색, 특징 | **西方** xīfāng 명 서양 | **色彩** sècǎi 명 성향, 분위기

1 다음 중국어 문장을 보고 해당하는 사진을 고르세요.

1) 北京的传统住宅叫四合院。（ ）

2) 土楼的样式一般是圆楼。 （ ）

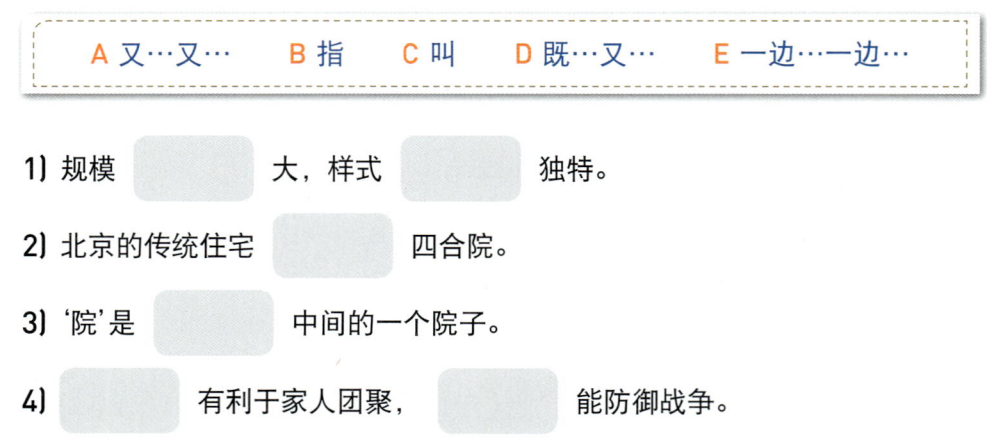

A.　　　　　　　　　　　　　　B.

2 다음 빈칸에 들어갈 알맞은 표현을 보기에서 고르세요.

A 又…又…　　B 指　　C 叫　　D 既…又…　　E 一边…一边…

1) 规模 ☐ 大，样式 ☐ 独特。

2) 北京的传统住宅 ☐ 四合院。

3) '院'是 ☐ 中间的一个院子。

4) ☐ 有利于家人团聚，☐ 能防御战争。

3 어울리는 문장을 연결하여 대화문을 만드세요.

1) 你看过北京的传统住宅吗?　　　　A. 北京的传统住宅叫四合院。

2) 北京的传统住宅叫什么?　　　　　B. 是中国东南部客家地区的建筑物。

3) 土楼是哪个地区的建筑物?　　　　C. 还没看过。

4 다음 그림과 단어를 이용하여 대화를 완성하세요.

北京　　上海　　广州

1) A: 你想去中国的哪些地方?

　　B: _____

　　A: 你最想做什么?

　　B: _____

很方便　　不方便　　还可以

2) A: 你住什么样的房子?

　　B: _____

　　A: 你觉得怎么样?

　　B: _____

단어

逛 guàng 동 돌아다니다, 구경하다 | **夜市** yèshì 명 야시장 | **百货商店** bǎihuòshāngdiàn 명 백화점 |
广州 Guǎngzhōu 명 광저우, 광주 | **公寓** gōngyù 명 아파트 | **单独住宅** dāndú zhùzhái 명 단독 주택 |
办公用房 bàngōngyòngfáng 명 오피스텔 | **方便** fāngbiàn 형 편리하다 | **还可以** hái kěyǐ 그런대로 괜찮다

 간체자 쓰기

획순	传 传 仁 仁 传 传	统 统 统 统 统 统 统 统 统
传统	传 统	
chuántǒng	chuántǒng	
전통적이다		

획순	住 住 住 住 住 住 住	宅 宅 宅 宅 宅 宅
住宅	住 宅	
zhùzhái	zhùzhái	
주택		

획순	形 形 形 形 形 形 形	成 成 成 成 成 成
形成	形 成	
xíngchéng	xíngchéng	
형성되다		

획순	中 中 中 中	间 间 间 间 间 间 间
中间	中 间	
zhōngjiān	zhōngjiān	
중간, 중앙		

획순					
样式 yàngshì 양식, 스타일	样样样样样样样样样　式式式式式式				
	样	式			
	yàngshì				

획순					
独特 dútè 독특하다, 특이하다	独独独独独独独独　特特特特特特特特特				
	独	特			
	dútè				

획순					
地区 dìqū 지역, 지구	地地地地地地　区区区区				
	地	区			
	dìqū				

획순					
房子 fángzi 집, 건물	房房房房房房房房　子子子				
	房	子			
	fángzi				

9과
중국의 공유 문화

회화 1 에어비앤비
회화 2 우버 택시

전혀 모르는 사람과 집을 공유하는 서비스를 알고 있나요?

유럽의 숙박 시설이 아닌 성에서 일주일 동안 머무는 특별한 여행이 가능할까요? 이런 환상적인 경험은 에어비앤비를 이용하면 가능합니다. 에어비앤비는 'Air Bed and Breakfast'의 줄인 말(airbnb)로, 2008년 미국 샌프란시스코에서 창립되어 2013년 기준, 192개국 34,800개의 도시에서 숙박 서비스를 이용할 수 있는 커뮤니티 플랫폼입니다. 온라인, 모바일, 태블릿에서 방이나 집, 별장, 보트, 이글루 등 사람이 지낼 수 있는 모든 공간을 예약 및 임대할 수 있습니다.

우리나라는 2013년 1월부터 에어비앤비를 도입하였습니다. 주의할 점은 공중위생관리법에 근거하여 관할 구청에 신고해야만 운영할 수 있으며, 외국인을 상대로 장단기 임대 혹은 에어비앤비를 운영할 경우 도시 민박으로 등록해야 합니다. 중국에서도 2013년 7월 에어비앤비와 유사한 형태의 '爱日租 àirìzū'를 운영했으나, 소유주와 이용자 간의 상호 신뢰 부족과 중국 도시의 저렴한 숙박 시설이 많은 이유로 운영이 중단되었습니다.

공유 경제의 대표적 사례인 우버에 대해 알고 있나요?

공유 경제의 대명사인 '우버(Uber 优步 yōubù)'는 2009년 트레비스 캘러닉이 창업하여 2010년 미국 샌프란시스코에서 처음 서비스를 시작, 2014년 세계 41개국 150개 도시로 진출한 스마트폰 애플리케이션(앱)으로 승객과 차량을 이어주는 'O2O(Online to Offline)' 차량 예약 서비스 회사입니다. 승객을 일반 택시와 연결해주는 '우버 택시', 일반인이 자신의 차량으로 운송 서비스를 할 수 있는 '우버 엑스' 등이 있습니다.

택시 업계가 우버를 불법 영업이라며 반발하여 논란이 되기도 했었습니다. 우리나라에서도 우버가 한동안 무료 서비스를 제공하는 등 자리매김하기 위해 노력하였으나, 결국 2015년 불법 판결을 받고 철수한 상태입니다. 한편 2014년 중국에 진입한 '우버 차이나(Uber China)'는 2년간 고전하다 2016년 중국 최대의 차량 공유 기업 '滴滴出行 dīdīchūxíng'에 인수되었고, 滴滴出行은 이를 통해 중국내 시장 점유율 93%를 확보하게 되었습니다.

세계 각국의 우버를 본 딴 서비스로는 한국의 '카카오 택시', 싱가포르의 '그립 택시', 인도의 '올라' 등이 있습니다.

 **주제 토론**

민박이나 홈스테이의 경험을 나누어 봅시다.

공정 여행에 대해 조사하고 토론해 봅시다.

01 02

공유 문화

03 04

공유 숙박 (에어비엔비)과 호텔 숙박을 비교해 봅시다.

우버 택시, 카카오 택시, 그린카, 쏘카의 장점을 발표해 봅시다.

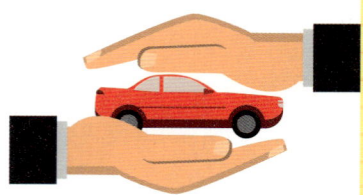

새 단어

MP3 9-1

▶▶ 회화 1

- 自由行 zìyóuxíng 명 자유여행
- 消息 xiāoxi 명 소식
- 灵通 língtōng 형 (정보가) 빠르다
- 空中食宿 kōngzhōng shísù 명 에어비앤비
- 当地人 dāngdìrén 명 현지인, 그 고장 사람
- 像…一样 xiàng…yíyàng
  마치 ~처럼, ~와 같다
- 而且 érqiě 접 게다가, 뿐만 아니라
- 棒 bàng 형 좋다, 훌륭하다
- 舒适 shūshì 형 편안하다, 쾌적하다
- 一举两得 yìjǔliǎngdé 성 일거양득, 일석이조

▶▶ 회화 2

- 正好 zhènghǎo 부 때 마침
- 下班 xiàbān 동 퇴근하다
- 出租车 chūzūchē 명 택시
- 站 zhàn 동 서다, 바로 서다
- 下载 xiàzài 동 다운로드하다
- 滴滴出行 dīdīchūxíng
  명 디디추싱(중국 택시 O2O 어플)
- 应用 yìngyòng 형 응용
- 软件 ruǎnjiàn 명 소프트웨어
- 呼叫 hūjiào 동 (무선으로) 호출하다, 부르다
- 辆 liàng 양 대, 량(차량을 세는 단위)
- 接 jiē 동 연결되다
- 单 dān 명 목록, 명세서

회화 1 에어비앤비

김민호와 왕리가 에어비앤비에 대해 이야기합니다.

金民浩 听说你要去日本自由行，是吗？
Tīngshuō nǐ yào qù Rìběn zìyóuxíng, shì ma?

王 丽 你消息真灵通，这么快就知道啦！
Nǐ xiāoxi zhēn língtōng, zhème kuài jiù zhīdào la!

金民浩 那我给你推荐空中食宿吧。
Nà wǒ gěi nǐ tuījiàn kōngzhōng shísù ba.

王 丽 空中食宿是什么？
Kōngzhōng shísù shì shénme?

金民浩 是指住当地人的空房间，像在自己家一样，
Shì zhǐ zhù dāngdìrén de kòng fángjiān, xiàng zài zìjǐ jiā yíyàng,
而且价格很便宜。
érqiě jiàgé hěn piányi.

王 丽 那太棒了！既舒适又便宜，真是一举两得。
Nà tài bàng le! Jì shūshì yòu piányi, zhēnshi yìjǔliǎngdé.

회화 2 — 우버 택시

김민호와 왕리가 우버 택시에 대해 이야기합니다.

王丽　现在正好是下班时间，出租车真难叫，怎么办?
　　　Xiànzài zhènghǎo shì xiàbān shíjiān, chūzūchē zhēn nán jiào, zěnmebàn?

金民浩　就是啊! 已经在这里站了十五分钟，还找不到车。
　　　　Jiùshì a! Yǐjīng zài zhèli zhàn le shíwǔ fēnzhōng, hái zhǎobudào chē.

王丽　对了! 我前几天下载了'滴滴出行'的应用软件。
　　　Duì le! Wǒ qián jǐ tiān xiàzài le 'dīdīchūxíng' de yìngyòng ruǎnjiàn.

金民浩　好啊，你试一试。
　　　　Hǎo a, nǐ shì yi shì.

王丽　呼叫成功了。有一辆车接了单，过两分钟就来。
　　　Hūjiào chénggōng le. Yǒu yí liàng chē jiē le dān, guò liǎng fēnzhōng jiù lái.

金民浩　太好了。
　　　　Tài hǎo le.

 **문장 말하기**

MP3 9-4

녹음을 듣고 따라 읽으세요.

1
空中食宿　kōngzhōng shísù
推荐空中食宿　tuījiàn kōngzhōng shísù
我给你推荐空中食宿　wǒ gěi nǐ tuījiàn kōngzhōng shísù
那我给你推荐空中食宿。　Nà wǒ gěi nǐ tuījiàn kōngzhōng shísù.

2
十五分钟　shíwǔ fēnzhōng
站了十五分钟　zhàn le shíwǔ fēnzhōng
在这里站了十五分钟　zài zhèli zhàn le shíwǔ fēnzhōng
已经在这里站了十五分钟。　Yǐjīng zài zhèli zhàn le shíwǔ fēnzhōng.

3 既舒适又便宜，真是一举两得。
方便　好用
便利　划算
省钱　省时

단어
好用 hǎoyòng
형 쓰기가 간편하다
便利 biànlì 형 편리하다
划算 huásuàn
형 수지가 맞다
省钱 shěngqián 동 돈을 아끼다

4 现在正好是下班时间，出租车真难叫。
上班
高峰
堵车

高峰时间 gāofēng shíjiān
명 러시아워
堵车 dǔchē 동 차가 막히다

녹음을 듣고 따라 읽으면서 괄호 안에 알맞은 한어병음이나 한자를 써 보세요.

따라 읽기 ☐☐☐

1 Kōngzhōng shísù shì (　　　)?

따라 읽기 ☐☐☐

2 Yǒu yí liàng chē (　　　), guò liǎng fēnzhōng jiù lái.

따라 읽기 ☐☐☐

3 (　　　)你要去日本自由行，是吗？

따라 읽기 ☐☐☐

4 我前几天(　　　)了'滴滴出行'的应用软件。

핵심 문법

1 부사 '正好'

'正好'는 '마침'이라는 뜻의 부사로, 어떤 상황이 절묘하게 맞아 떨어질 때 사용합니다.

예 现在正好是下班时间，出租车真难叫，怎么办？
Xiànzài zhènghǎo shì xiàbān shíjiān, chūzūchē zhēn nán jiào, zěnmebàn?

上次我去中国的时候，正好是国庆节。
Shàngcì wǒ qù Zhōngguó de shíhou, zhènghǎo shì Guóqìngjié.

또한 '딱 맞다', '꼭 맞다'라는 뜻의 형용사로 쓸 수 있습니다.

예 今天的菜，咸淡正好。Jīntiān de cài, xiándàn zhènghǎo.

我俩住这个房间，大小正好。Wǒ liǎ zhù zhège fángjiān, dàxiǎo zhènghǎo.

2 부사 '就是'

'就是'는 단독으로 쓰면, '그래', '맞다', '그러게요'의 뜻으로, 동의를 나타냅니다.

예 就是啊！已经在这里站了十五分钟。Jiùshì a! Yǐjīng zài zhèli zhàn le shíwǔ fēnzhōng.

就是啊，他真是个中国通。Jiùshì a, tā zhēn shì ge Zhōngguótōng.

혹은 '~밖에 안 된다', '~뿐이다', '~만 ~하다'라는 뜻으로, 일정한 범위를 한정하고 다른 것은 배제함을 나타냅니다.

예 我去过中国的很多城市，就是上海没去过。
Wǒ qùguo Zhōngguó de hěn duō chéngshì, jiùshì Shànghǎi méi qùguo.

礼物都买了，就是茶叶还没买。Lǐwù dōu mǎi le, jiùshì cháyè hái méi mǎi.

 단어

咸淡 xiándàn 명 짜고 싱거움, 간 | 俩 liǎ 수 두 개, 두 사람 | 大小 dàxiǎo 명 크기 | 中国通 zhōngguótōng 명 중국통, 중국 전문가 | 城市 chéngshì 명 도시 | 茶叶 cháyè 명 찻잎

3 동태조사 '了'

동태조사 '了'는 동사 뒤에서 그 동작이나 행위가 완료되었음을 나타냅니다. 따라서 일상적인 상황이나 반복적으로 하는 행위에는 '了'를 사용하지 않습니다.

예 [X] 我每天工作了九个小时。
　　[O] 我每天工作九个小时。 Wǒ měitiān gōngzuò jiǔ ge xiǎoshí.

동태조사 '了'가 있는 문장의 목적어는 수량사나 관형어의 수식이 있어야 합니다.

예 我订了两张机票。Wǒ dìng le liǎng zhāng jīpiào.　　　　[X] 我订了票。
　　我在全聚得吃了北京烤鸭。Wǒ zài Quánjùdé chī le Běijīng kǎoyā.　　[X] 我吃了饭。

관형구의 수식이 없는 목적어가 있으면, 문장 끝에 어기조사 '了'를 써야 합니다.

예 我订了票了。Wǒ dìng le piào le.
　　我吃了饭了。Wǒ chī le fàn le.

4 동사의 중첩 '试一试'

대부분의 단음절 동사는 중첩해서 쓸 수 있으며, 동사를 중첩하면 어감이 부드러워 집니다. 또는 가벼운 동작이나 행위, 시도를 나타낼 때도 동사를 중첩합니다.

예 好啊, 你试试。Hǎo a, nǐ shìshi.
　　你去中国, 一定要看看桂林山水。Nǐ qù Zhōngguó, yídìng yào kànkan Guìlín shānshuǐ.

단음절 동사를 중첩할 때 중간에 '一'를 넣을 수 있으며, 뜻은 같습니다.

예 我可以试一试这件旗袍吗? Wǒ kěyǐ shì yi shì zhè jiàn qípáo ma?
　　到上海, 一定要看一看外滩。Dào Shànghǎi, yídìng yào kàn yi kàn Wàitān.

중첩한 동사 사이에 '了'를 넣으면 그 동작이 이미 실현되었거나 완성되었음을 나타냅니다.

예 他想了想, 就决定去留学。Tā xiǎng le xiǎng, jiù juédìng qù liúxué.
　　很多客人逛了逛就走了。Hěn duō kèrén guàng le guàng jiù zǒu le.

全聚得 Quánjùdé 명 오리구이 전문점 | 外滩 Wàitān 명 (상하이) 와이탄 | 决定 juédìng 동 결정하다 | 留学 liúxué 동 유학하다

종합 연습

1 다음 중국어 문장을 보고 해당하는 사진을 고르세요.

1) 听说你要去日本自由行，是吗？ （　）

2) 现在正好是下班时间。 （　）

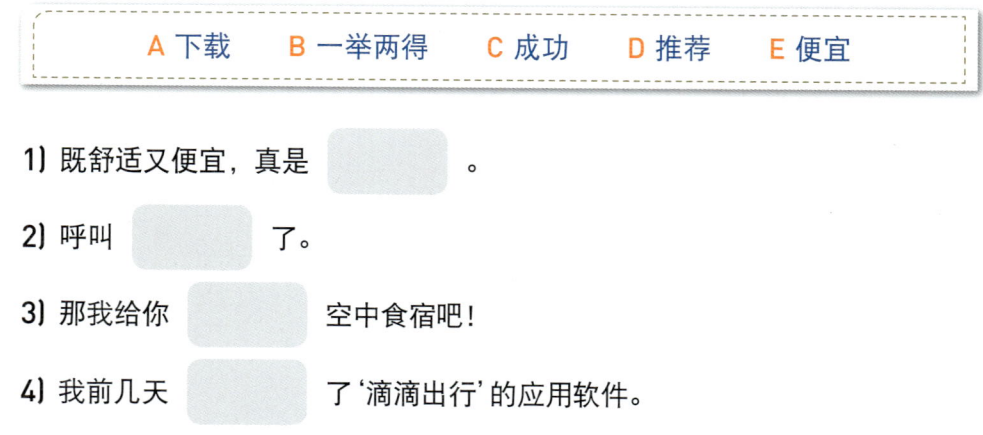

A.　　　　　　　　　　　　　　B.

2 다음 빈칸에 들어갈 알맞은 표현을 보기에서 고르세요.

> A 下载　　B 一举两得　　C 成功　　D 推荐　　E 便宜

1) 既舒适又便宜，真是　　　　。

2) 呼叫　　　　了。

3) 那我给你　　　　空中食宿吧！

4) 我前几天　　　　了'滴滴出行'的应用软件。

3 어울리는 문장을 연결하여 대화문을 만드세요.

1) 你消息真灵通，　　　　　　　　　　　A. 而且价格很便宜。

2) 已经在这里站了十五分钟，　　　　　　B. 还找不到车。

3) 是指住当地人的空房间，
　　像在自己家一样，　　　　　　　　　C. 这么快就知道啦！

4 다음 그림과 단어를 이용하여 대화를 완성하세요.

饭店   朋友家   空中食宿

1) A: 你去过哪些国家?

   B: _____

   A: 如果去旅游, 你会住在什么地方?

   B: _____

地铁软件   Tmap   kakao出租车

2) A: 平时你最常利用的交通手段是什么?

   B: _____

   A: 你的手机里, 关于交通的应用软件有哪些?

   B: _____

단어

地铁 dìtiě 몡 지하철 | **利用** lìyòng 동 이용하다 | **手段** shǒuduàn 몡 수단, 방법

 간체자 쓰기

획순	消消消消消消消消消 息息息息息息息息息
消息 xiāoxi 소식	消 息 xiāoxi

획순	灵灵灵灵灵灵灵 通通通通通通通通通
灵通 língtōng (정보가) 빠르다	灵 通 língtōng

획순	而而而而而而 且且且且且
而且 érqiě 게다가	而 且 érqiě

획순	舒舒舒舒舒舒舒舒舒舒舒 适适适适适适适适
舒适 shūshì 쾌적하다	舒 适 shūshì

획순	下 丁 下	载 载 载 载 载 载 载 载 载 载
下载 xiàzài 다운로드하다	下 载 xiàzài	

획순	应 应 应 应 应 应 应	用 用 用 用 用
应用 yìngyòng 응용	应 用 yìngyòng	

획순	软 软 软 软 软 软 软 软	件 件 件 件 件 件
软件 ruǎnjiàn 소프트웨어	软 件 ruǎnjiàn	

획순	成 成 成 成 成 成	功 功 功 功 功
成功 chénggōng 성공하다	成 功 chénggōng	

10과
중국의 대중교통

회화 1 중국의 전동차
회화 2 중국의 고속철도

오토바이와 자전거를 닮은 중국의 전동차는 무엇일까요?

1980~90년대 중국의 대표 교통수단이었던 자전거를 요즘은 '전동차(电动车 diàndòngchē)'가 대신하고 있습니다. 자전거나 오토바이에 전기 배터리를 장착한 전동차는 전기 충전으로 운행됩니다. 많은 출근족들이 전동차를 선택하는 이유는 첫째, 오토바이 한 대 가격으로 몇 대의 전동차를 구매할 수 있고(한화 20~40만원 정도), 또한 휘발유가 아닌 전기를 사용하여 환경 보호 뿐 아니라 유지비도 적게 들기 때문입니다.  둘째, 면허증을 취득하지 않아도 되고, 또 어디에나 주차할 수 있습니다. 셋째, 자전거에 비해 속도가 빠르며, 페달을 밟지 않아도 굴러가니 시간과 힘을 모두 절약할 수 있고, 막힌 도로에서는 자동차를 피해 달릴 수도 있습니다. 넷째, 자동차나 오토바이의 속도보다는 상대적으로 느려 교통질서를 지키며 운전하면 안전합니다. 다섯째, 자전거를 탈 수 있는 사람이라면 누구나 쉽게 운전할 수 있다는 이유로 요즘 중국에서는 전동차가 큰 인기를 얻고 있습니다.

광활한 중국 대륙을 하루 만에 이동하는 것이 가능할까요?

1978년 '邓小平 Dèng Xiǎopíng'이 일본을 방문하여 신칸센을 탑승한 계기로 중국은 고속철에 눈을 뜨게 되었습니다. 하지만 중국은 1990년대 고속철 독자 개발에 실패했고, 2004년 일본, 독일, 프랑스 등과 기술 제휴를 하여 2008년 베이징 올림픽 때 '베이징-톈진' 간 고속철도를 처음 개통했습니다. 그런데 일본에게 기술을 배우던 중국이 2015년에는 일본과의 고속철 입찰 경쟁에서 두 차례나 승리를 거두는 눈부신 발전을 이루었습니다.

 중국의 고속철도는 시속 300km '高铁 gāotiě'와 시속 200km 이상의 '动车 dòngchē'로 구분합니다. 일본의 신칸센, 독일의 이체, 프랑스의 테제베처럼 중국의 고속철도 이름은 '和谐号 héxiéhào'입니다. '和谐'는 '조화롭다'는 뜻으로, 후진타오 전 주석의 정치이념인 조화로운 사회를 구축하고자 하는 의미가 내포되어 있습니다.

중국이 고속철에 집중하는 이유는 높은 기술력과 경쟁력으로 세계의 고속철 사업권을 수주하려는 목적과 다민족 국가인 중국을 하나의 국가로 결속시키려는 목적이 있습니다. 이에 따라 중국은 2020년까지 '4종4횡(四纵四横 sìzòngsìhéng)' 고속 철도망 설치 프로젝트를 완성할 계획이며, 이 계획의 목표는 중국 대륙의 남북과 동서를 고속 철도망으로 연결하여 중국 전지역을 '1일 생활권'으로 묶는 것입니다.

주제 토론

대중 교통

01 한·중 양국의 고속철을 비교해 봅시다.

02 베이징에서 홍콩까지 이동할 수 있는 교통수단을 알아보고, 비용과 시간 및 특징을 비교해 봅시다. (高铁, 动车, 일반 기차 등)

03 제시된 고속철도 열차표에 담긴 정보를 찾아 발표해 봅시다.

04 요즘 중국의 대중교통이 된 '电动车'에 대해 알아봅시다.

새 단어

▶▶ 회화 1

☐ 车费 chēfèi 명 차비

☐ 一定 yídìng 부 꼭, 반드시

☐ 骑 qí 동 (동물이나 자전거 등에) 타다

☐ 电动车 diàndòngchē 명 전동차(전기 자전거)

☐ 担心 dānxīn 동 염려하다, 걱정하다

☐ 交通费 jiāotōngfèi 명 교통비

☐ 危险 wēixiǎn 형 위험하다

☐ 只要…，就… zhǐyào…, jiù…
~하기만 하면, 곧 ~하다

☐ 遵守 zūnshǒu 동 (규정 등을) 준수하다, 지키다

☐ 规则 guīzé 명 규칙

☐ 选 xuǎn 동 고르다, 선택하다

☐ 工具 gōngjù 명 도구, 수단

☐ 不但…，而且… búdàn…, érqiě…
접 ~뿐(만) 아니라~, 또한 ~하다

▶▶ 회화 2

☐ 回 huí 동 (원래의 곳으로) 되돌아가다

☐ 高铁 gāotiě 명 고속철도

☐ 受 shòu 동 받다, 받아들이다

☐ 气候 qìhòu 명 기후

☐ 晚点 wǎndiǎn (차·배·비행기 등이 규정 시간보다) 늦다, 연착하다

☐ 从…到… cóng…dào…
접 (시간·공간의) ~에서 ~까지

☐ 需要 xūyào 동 필요하다, 요구되다

☐ 火车 huǒchē 명 기차

회화 1 — 중국의 전동차

김민호와 왕리가 전동차에 대해 이야기합니다.

金民浩 你们家人每天上下班车费一定不少吧?
Nǐmen jiārén měitiān shàngxiàbān chēfèi yídìng bù shǎo ba?

王 丽 哈哈！他们骑电动车上下班，就不担心交通费。
Hāha! Tāmen qí diàndòngchē shàngxiàbān, jiù bù dānxīn jiāotōngfèi.

金民浩 是吗? 电动车不危险吗?
Shì ma? Diàndòngchē bù wēixiǎn ma?

王 丽 只要遵守交通规则的话，就没问题。
Zhǐyào zūnshǒu jiāotōng guīzé dehuà, jiù méi wèntí.

金民浩 他们为什么选这个交通工具?
Tāmen wèishénme xuǎn zhège jiāotōng gōngjù?

王 丽 电动车不但价格便宜，而且不会堵车。
Diàndòngchē búdàn jiàgé piányi, érqiě bú huì dǔchē.

회화 2 중국의 고속철도

김민호와 왕리가 중국의 고속철도에 대해 이야기합니다.

金民浩: 这次你回北京，打算坐什么回去？
Zhè cì nǐ huí Běijīng, dǎsuàn zuò shénme huíqù?

王丽: 我打算坐高铁回去。
Wǒ dǎsuàn zuò gāotiě huíqù.

金民浩: 飞机快，你为什么不坐飞机呢？
Fēijī kuài, nǐ wèishénme bú zuò fēijī ne?

王丽: 因为飞机会受气候影响，经常晚点。
Yīnwèi fēijī huì shòu qìhòu yǐngxiǎng, jīngcháng wǎndiǎn.

金民浩: 是吗？坐高铁，从上海到北京需要多长时间？
Shì ma? Zuò gāotiě, cóng Shànghǎi dào Běijīng xūyào duōcháng shíjiān?

王丽: 五个小时就可以，坐一般火车的话要
Wǔ ge xiǎoshí jiù kěyǐ, zuò yìbān huǒchē dehuà yào

十五个小时。
shíwǔ ge xiǎoshí.

 **문장 말하기**   MP3 10-4

녹음을 듣고 따라 읽으세요.

1
交通工具	jiāotōng gōngjù
这个交通工具	zhège jiāotōng gōngjù
选这个交通工具	xuǎn zhège jiāotōng gōngjù
他们为什么选这个交通工具?	Tāmen wèishénme xuǎn zhège jiāotōng gōngjù?

2
回去	huíqù
坐高铁回去	zuò gāotiě huíqù
打算坐高铁回去	dǎsuàn zuò gāotiě huíqù
我打算坐高铁回去。	Wǒ dǎsuàn zuò gāotiě huíqù.

3 只要遵守<u>交通规则</u>的话，就没问题。

校规

纪律

法律

단어
- 校规 xiàoguī 명 학칙, 학교의 규칙
- 纪律 jìlǜ 명 기강, 법도
- 法律 fǎlǜ 명 법률

4 坐<u>高铁</u>，从上海到北京需要多长时间?

动车

飞机

汽车

- 动车 dòngchē 명 중국 고속철도의 일종, 평균 시속 200km로 달리는 기차
- 汽车 qìchē 명 자동차

문장 쓰기

녹음을 듣고 따라 읽으면서 괄호 안에 알맞은 한어병음이나 한자를 써 보세요.

따라 읽기 ☐☐☐

1 (　　　) bù wēixiǎn ma?

따라 읽기 ☐☐☐

2 Nǐ (　　　) bú zuò fēijī ne?

따라 읽기 ☐☐☐

3 电动车(　　　)价格便宜,(　　　)不会堵车。

따라 읽기 ☐☐☐

4 (　　　)飞机会受气候影响,经常晚点。

핵심 문법

1 접속사 '只要…, 就…'

'只要…, 就'는 '~하기만 하면, 곧 ~하다'라는 뜻으로, 앞 절에서 필요한 조건을 서술하고, 뒷 절에서 그 조건을 만족시키는 결과에 대해 설명하는 조건관계 복문입니다.

只要 > 조건 > 就 > 결과

예) 只要遵守交通规则的话，就没问题。
Zhǐyào zūnshǒu jiāotōng guīzé dehuà, jiù méi wèntí.

只要你肯努力，就会有进步。Zhǐyào nǐ kěn nǔlì, jiù huì yǒu jìnbù.

只要大家守法，社会就会更安定。Zhǐyào dàjiā shǒufǎ, shèhuì jiù huì gèng āndìng.

2 접속사 '不但…, 而且…'

'不但…, 而且'는 '~일뿐 아니라, 게다가 ~하다'라는 뜻으로, 앞 절에서 서술한 내용보다 뒷 절의 내용이 한층 더 발전되거나 심화된 상황을 서술하는 점층관계 복문입니다.

不但 > 서술한 내용 > 而且 > 발전된 내용

예) 电动车不但价格便宜，而且不会堵车。
Diàndòngchē búdàn jiàgé piányi, érqiě bú huì dǔchē.

有了高铁不但交通方便，而且节省时间。
Yǒu le gāotiě búdàn jiāotōng fāngbiàn, érqiě jiéshěng shíjiān.

中国茶不但对健康好，而且帮助消化。
Zhōngguóchá búdàn duì jiànkāng hǎo, érqiě bāngzhù xiāohuà.

肯 kěn 동 (동사·형용사 앞에 쓰여) 기꺼이 동의하다 | **守法** shǒufǎ 동 법을 지키다 | **安定** āndìng 형 안정되다 | **节省** jiéshěng 동 아끼다, 절약하다 | **帮助** bāngzhù 동 돕다 | **消化** xiāohuà 동 소화하다

3 개사구 '从…到…'

'从…到…'는 '~로부터 ~까지'라는 뜻으로, 장소, 시간, 범위의 출발점과 도착점을 나타내는 개사구입니다.

> 주어 > 从 > 출발점 > 到 > 도착점 > (술어)

예 [장소] 坐高铁，从上海到北京需要多长时间？
Zuò gāotiě, cóng Shànghǎi dào Běijīng xūyào duōcháng shíjiān?

[시간] 中国中学的午睡时间一般是从十二点到一点。
Zhōngguó zhōngxué de wǔshuì shíjiān yìbān shì cóng shí'èr diǎn dào yì diǎn.

[범위] 万里长城从东边的山海关到西边的嘉峪关。
Wànlǐ chángchéng cóng dōngbian de Shānhǎiguān dào xībian de Jiāyùguān.

4 시간의 양 '小时'

'小时'는 시간의 양을 나타내는 명사입니다. 시점을 나타내는 '5시'는 '五点'으로 표현하고, 시간의 양을 나타내는 '5시간 동안'은 '五个小时/钟头'로 표현합니다. '小时'가 시량보어로 쓰일 때는 동사 뒤에 위치합니다.

예 五个小时就可以，坐一般火车的话要十五个小时。
Wǔ ge xiǎoshí jiù kěyǐ, zuò yìbān huǒchē dehuà yào shíwǔ ge xiǎoshí.

昨天我们去王府井逛了三个小时。
Zuótiān wǒmen qù Wángfǔjǐng guàng le sān ge xiǎoshí.

地铁过五分钟就会来，别着急。
Dìtiě guò wǔ fēnzhōng jiù huì lái, bié zháojí.

午睡 wǔshuì 명 낮잠 | **万里长城** Wànlǐ chángchéng 명 만리장성 | **山海关** Shānhǎiguān 명 산하이관(만리장성의 기점으로 허베이(河北)성 린젠(临检)현에 있음) | **嘉峪关** Jiāyùguān 명 자위관(만리장성의 서쪽 끝, 간쑤(甘肃)성 자위관(嘉峪关)시에 있음) | **着急** zháojí 동 조급해하다, 마음을 졸이다

종합 연습

1 다음 중국어 문장을 보고 해당하는 사진을 고르세요.

1) 我打算坐高铁回去。　　　　　　　（　）

2) 他们骑电动车上下班，就不担心交通费。（　）

2 다음 빈칸에 들어갈 알맞은 표현을 보기에서 고르세요.

| A 一般　　B 规则　　C 上下班　　D 打算　　E 为什么 |

1) 只要遵守交通 ____ 的话，就没问题。

2) 他们 ____ 选这个交通工具？

3) 五个小时就可以，坐 ____ 火车的话要十五个小时。

4) 你们家人每天 ____ 车费一定不少吧？

3 어울리는 문장을 연결하여 대화문을 만드세요.

1) 因为飞机会受气候影响，　　　　　A. 打算坐什么回去?

2) 电动车不但价格便宜，　　　　　　B. 经常晚点。

3) 这次你回北京，　　　　　　　　　C. 而且不会堵车。

4 다음 그림과 단어를 이용하여 대화를 완성하세요.

坐地铁   坐公共汽车   走路

1) A: 你每天怎么上学?

   B: _____

   A: 你一个月的交通费大概是多少?

   B: _____

高速巴士   KTX   一般火车

2) A: 如果你从首尔去釜山的话，你会坐什么?

   B: _____

   A: 你为什么选这个交通手段?

   B: _____

走路 zǒulù 동 걷다 | **大概** dàgài 부 대개 | **高速巴士** gāosùbāshì 명 고속버스 | **首尔** Shǒu'ěr 명 서울 | **釜山** Fǔshān 명 부산

 간체자 쓰기

획순	车车车车	费费费费费费费费
车费 chēfèi 차비	车 费 chēfèi	

획순	担担担担担担担	心心心心
担心 dānxīn 걱정하다	担 心 dānxīn	

획순	危危危危危危	险险险险险险险险
危险 wēixiǎn 위험하다	危 险 wēixiǎn	

획순	工工工	丨冂冃月目具具
工具 gōngjù 도구, 수단	工 具 gōngjù	

획순	高高高高高高高高高高 铁铁铁铁铁铁铁铁铁铁
高铁 gāotiě 고속철도	高 铁

획순	气气气气 候候候候候候候候候
气候 qìhòu 기후	气 候

획순	晚晚晚晚晚晚晚晚晚晚晚 点点点点点点点点点
晚点 wǎndiǎn 연착하다	晚 点

획순	需需需需需需需需需需需需 要要要要要要要要要
需要 xūyào 필요하다	需 要

11과
중국의 과학 기술

회화 1 로봇 식당
회화 2 로봇 호텔

로봇이 구워 주는 팬케이크는 어떤 맛일까요?

바리스타 로봇이 만들어 준 커피와 요리사 로봇이 구워 준 팬케이크를 서빙 로봇이 음악을 연주하며 당신의 테이블로 가져다주는 브런치를 먹는다면 기분이 어떨까요?

로봇이 빠른 속도로 인력을 대체하고 있는 요즘, 이런 풍경이 우리의 일상이 될 날이 멀지 않았습니다. 기업들은 관리의 편리성과 비용 절감 등의 이유로 로봇 도입에 긍정적입니다.

그럼 로봇 산업을 적극적으로 발전시키고 있는 나라들의 모습을 살펴볼까요?

미국에는 고객이 편하게 쇼핑할 수 있도록 스스로 움직이는 자율 주행 카트 로봇과 다국어가 가능하며 할인 이벤트를 소개해 주는 쇼핑 안내 로봇이 등장하였습니다. 노인 인구가 많은 일본은 환자의 재활 훈련이나 이동을 도와주는 간병 로봇 사업을 확대할 계획이며, 서비스산업 인력 확보가 어려운 싱가포르에서도 식당과 병원 등에 로봇 도입을 정부에서 적극 권장하고 있습니다. 중국은 로봇 식당, 배드민턴 치는 로봇, 사찰의 동자 스님 로봇, 산업용 로봇 등 다양한 분야에서 빠른 속도로 로봇을 도입하고 있습니다. 우리나라도 청소 로봇, 의료 로봇, 교육용 로봇, 공항안내 로봇, 가사도우미 로봇 등 로봇 산업을 미래 성장 동력으로 여기며 집중 육성하고 있습니다.

로봇이 가득한 호텔은 어떤 모습일까요?

호텔에 들어서자마자 체크인하는 공룡 로봇, 쓰레기통 모양의 청소 로봇, 짐을 운반해주는 벨보이 로봇, 달걀 모양의 객실 서비스 로봇, 능숙한 솜씨로 음식을 만드는 요리사 로봇 등을 만나게 됩니다. 이것은 2015년 오픈한 일본 로봇 호텔의 모습입니다. 손님을 직접 대하는 로봇들은 음성인식 기능과 인공지능 기능이 장착되어 있어 의사소통이 가능합니다.

사람 직원은 총 7명뿐, 사람이 하던 일을 218대의 로봇이 대신하여 인건비를 절약하고 있습니다. 로봇 호텔은 신기하기도 하지만 숙박 비용도 저렴하여 인기가 높습니다.

미국에서도 '릴레이'라는 호텔 서비스 로봇이 실리콘밸리를 거쳐 뉴욕으로 진출하였습니다. 룸서비스와 같은 배달 심부름이 주 업무인 '릴레이'는 사람 허리만한 키에, 모양은 단순하지만 첨단 기술의 집약체로 컴퓨터와 LTE·와이파이 통신용 모듈, 감지기(센서) 등이 탑재되어 있습니다. '릴레이'는 10만 건의 배달을 하는 동안 한 건의 사고도 없었던 스마트한 서비스 로봇입니다. 현재 미국, 싱가포르, 두바이 등 20여 곳의 호텔에서 30여대의 '릴레이'가 일하고 있습니다.

주제 토론

4차 산업 혁명의 의미와 특징을 조사해 봅시다.

생활 속에서 경험해 본 AI(인공지능)의 사례를 소개해 봅시다.

현재 AI(인공지능)가 사회 각 분야의 미치는 변화를 토론해 봅시다.

앞으로 로봇이 활용되면 좋을 분야에 대해 이야기해 봅시다.

01 02 03 04

인공 지능

새 단어

 MP3 11-1

▶▶ 회화 1

☐ 玩儿 wánr 〔동〕 놀다

☐ 开心 kāixīn 〔형〕 기쁘다, 즐겁다

☐ 下次 xiàcì 〔명〕 다음 번

☐ 带 dài 〔동〕 데리다, 인도하다

☐ 特别 tèbié 〔형〕 특별하다, 특이하다

☐ 餐厅 cāntīng 〔명〕 식당

☐ 想象 xiǎngxiàng 〔동〕 상상하다

☐ 机器人 jīqìrén 〔명〕 로봇

☐ 神奇 shénqí 〔형〕 신기하다, 신비롭고 기이하다

☐ 点餐 diǎncān 〔동〕 식사를 주문하다

☐ 结账 jiézhàng 〔동〕 결제하다, 계산하다

▶▶ 회화 2

☐ 酒店 jiǔdiàn 〔명〕 호텔

☐ 家 jiā 〔양〕 호텔, 식당, 병원 등 큰 건물을 세는 양사

☐ 引进 yǐnjìn 〔동〕 (인원·자금·기술·설비 등을) 도입하다, 끌어들이다

☐ 主要 zhǔyào 〔형〕 주요한, 주된

☐ 任务 rènwu 〔명〕 임무

☐ 矿泉水 kuàngquánshuǐ 〔명〕 광천수, 생수

☐ 好处 hǎochù 〔명〕 장점, 좋은 점

☐ 不仅 bùjǐn 〔접〕 ~뿐만 아니라

☐ 人工 réngōng 〔명〕 인력

☐ 成本 chéngběn 〔명〕 원가, 자본금

☐ 吸引 xīyǐn 〔동〕 끌어당기다, 매료시키다

11과 중국의 과학 기술 **151**

회화 1 로봇 식당

김민호와 왕리가 로봇 식당에 대해 이야기합니다.

金民浩 今天玩儿得很开心。下次在哪儿见?
Jīntiān wánr de hěn kāixīn. Xiàcì zài nǎr jiàn?

王丽 下次我带你去非常特别的餐厅。
Xiàcì wǒ dài nǐ qù fēicháng tèbié de cāntīng.

金民浩 什么餐厅那么特别?
Shénme cāntīng nàme tèbié?

王丽 你是想象不出来的。
Nǐ shì xiǎngxiàng bù chūlai de.

有没有听说过机器人餐厅?
Yǒu méiyǒu tīngshuōguo jīqìrén cāntīng?

金民浩 真的有机器人餐厅? 太神奇了。
Zhēnde yǒu jīqìrén cāntīng? Tài shénqí le.

王丽 是啊! 机器人可以帮客人点餐、送餐和结账。
Shì a! Jīqìrén kěyǐ bāng kèrén diǎncān、sòngcān hé jiézhàng.

회화 2 — 로봇 호텔

김민호와 왕리가 로봇 호텔에 대해 이야기합니다.

金民浩　我听说中国有机器人酒店。
　　　　Wǒ tīngshuō Zhōngguó yǒu jīqìrén jiǔdiàn.

王　丽　是啊！ 北京一家酒店引进了机器人。
　　　　Shì a!　　Běijīng yì jiā jiǔdiàn yǐnjìn le jīqìrén.

金民浩　机器人在酒店做什么？
　　　　Jīqìrén zài jiǔdiàn zuò shénme?

王　丽　它的主要任务是给客人送矿泉水。
　　　　Tā de zhǔyào rènwu shì gěi kèrén sòng kuàngquánshuǐ.

金民浩　用机器人的好处是什么？
　　　　Yòng jīqìrén de hǎochù shì shénme?

王　丽　用机器人不仅节省人工成本，还能吸引客人。
　　　　Yòng jīqìrén bùjǐn jiéshěng réngōng chéngběn,　hái néng xīyǐn kèrén.

문장 말하기

MP3 11-4

녹음을 듣고 따라 읽으세요.

1
开心　kāixīn
很开心　hěn kāixīn
玩儿得很开心　wánr de hěn kāixīn
今天玩儿得很开心。　Jīntiān wánr de hěn kāixīn.

2
酒店　jiǔdiàn
机器人酒店　jīqìrén jiǔdiàn
中国有机器人酒店　Zhōngguó yǒu jīqìrén jiǔdiàn
我听说中国有机器人酒店。　Wǒ tīngshuō Zhōngguó yǒu jīqìrén jiǔdiàn.

3　什么餐厅那么特别?
豪华
宽敞
干净

> **단어**
> 豪华 háohuá 형 화려하다
> 宽敞 kuānchang 형 넓다, 크다
> 干净 gānjìng 형 깨끗하다, 청결하다

4　用机器人的好处是什么?
坏处
长处
短处

> 坏处 huàichu 명 나쁜 점, 결점
> 长处 chángchu 명 장점
> 短处 duǎnchu 명 단점

문장 쓰기

녹음을 듣고 따라 읽으면서 괄호 안에 알맞은 한어병음이나 한자를 써 보세요.

따라 읽기 ☐☐☐

1 Xiàcì wǒ dài nǐ qù fēicháng (　　　) de cāntīng.

따라 읽기 ☐☐☐

2 Jīqìrén zài (　　　) zuò shénme?

따라 읽기 ☐☐☐

3 机器人可以帮(　　　)点餐、送餐和结账。

따라 읽기 ☐☐☐

4 用机器人不仅(　　　)人工成本，还能吸引客人。

1 동량사 '次'

'次'는 동작의 횟수를 세는 동량사로서, 우리말의 '번'에 해당합니다. '지난 번'은 '上次', '이번'은 '这次', '다음 번'은 '下次'로 표현합니다. '次' 대신 '回'도 같은 뜻으로 사용할 수 있습니다.

예 今天玩儿得很开心。下次在哪儿见?
Jīntiān wánr de hěn kāixīn. Xiàcì zài nǎr jiàn?

上次我去了北京，这次要去上海，下次打算去西安。
Shàngcì wǒ qù le Běijīng, zhècì yào qù Shànghǎi, xiàcì dǎsuàn qù Xī'ān.

这次去上海一定要尝尝大甲蟹。
Zhècì qù Shànghǎi yídìng yào chángchang dàjiǎxiè.

2 양사 '家'

사물의 수량을 세는 단위를 양사라고 하는데, 중국어의 수사는 명사를 직접 수식할 수 없어 '수사 + 양사 + 명사'의 어순으로, 반드시 양사를 써야 합니다. 본문의 '家'는 회사, 상점, 백화점, 호텔, 병원 등 큰 건물을 세는 양사입니다.

예 北京一家酒店引进了机器人。Běijīng yì jiā jiǔdiàn yǐnjìn le jīqìrén.

这家百货商店经常举行优惠活动。
Zhè jiā bǎihuòshāngdiàn jīngcháng jǔxíng yōuhuì huódòng.

这家医院的设备和服务都是一流的。
Zhè jiā yīyuàn de shèbèi hé fúwù dōu shì yìliú de.

 단어

西安 Xī'ān 명 시안 | 大甲蟹 dàjiǎxiè 명 따자씨에, 상하이크랩 | 举行 jǔxíng 동 거행하다 | 优惠 yōuhuì 형 우대의, 특혜의 | 医院 yīyuàn 명 병원 | 设备 shèbèi 명 설비, 시설 | 服务 fúwù 동 서비스하다 | 一流 yìliú 명 일류

3 개사 '给'

개사 '给'는 '~에게'라는 뜻으로, 동작을 받는 대상을 나타냅니다.

주어 → 给 → 대상 → 동사 → 기타 성분

예 它的主要任务是给客人送矿泉水。
Tā de zhǔyào rènwu shì gěi kèrén sòng kuàngquánshuǐ.

请给我打包一下吧！ Qǐng gěi wǒ dǎbāo yíxià ba!

또 '给'는 동사로 '주다'라는 뜻도 있습니다.

예 他给了我两个汉堡包。Tā gěi le wǒ liǎng ge hànbǎobāo.

这是朋友给我的礼物。Zhè shì péngyou gěi wǒ de lǐwù.

4 접속사 '不仅…, 还…'

'不仅…, 还…'는 '~일뿐 아니라, ~하기도 하다'는 뜻의 접속사로, 앞 절에서 서술한 내용보다 뒷 절의 내용이 한층 더 발전되거나 심화된 상황을 서술하는 점층관계 복문입니다. 앞서 배운 '不但…, 而且…'와 바꿔 쓸 수 있습니다.

不仅 → 서술한 내용 → 还 → 발전된 내용

예 用机器人不仅节省人工成本，还能吸引客人。
Yòng jīqìrén bùjǐn jiéshěng réngōng chéngběn, hái néng xīyǐn kèrén.

学太极拳不仅能健身，还能减轻压力。
Xué tàijíquán bùjǐn néng jiànshēn, hái néng jiǎnqīng yālì.

旅行的好处不仅能开眼界，还增长见识。
Lǚxíng de hǎochù bùjǐn néng kāi yǎnjiè, hái zēngzhǎng jiànshi.

 단어

打包 dǎbāo 동 포장하다 | **汉堡包** hànbǎobāo 명 햄버거 | **健身** jiànshēn 동 신체를 튼튼하게 하다 | **减轻** jiǎnqīng 동 줄다, 감소하다 | **压力** yālì 명 스트레스, 압력 | **开眼界** kāi yǎnjiè 견문을 넓히다 | **增长** zēngzhǎng 동 증가하다, 늘어나다 | **见识** jiànshi 명 견문, 지식

종합 연습

1 다음 중국어 문장을 보고 해당하는 사진을 고르세요.

1) 今天玩儿得很开心。　　（　）

2) 我听说中国有机器人酒店。（　）

A.　　　　　　　　　　　　B.

2 다음 빈칸에 들어갈 알맞은 표현을 보기에서 고르세요.

> A 好处　　B 想象　　C 神奇　　D 吸引　　E 结账

1) 用机器人的 ＿＿＿＿ 是什么？

2) 真的有机器人餐厅？太 ＿＿＿＿ 了。

3) 机器人可以帮客人点餐、送餐和 ＿＿＿＿ 。

4) 你是 ＿＿＿＿ 不出来的。有没有听说过机器人餐厅？

3 어울리는 문장을 연결하여 대화문을 만드세요.

1) 机器人在酒店做什么？　　　　　A. 它的主要任务是给客人送矿泉水。

2) 我听说中国有机器人酒店。　　　B. 下次我带你去非常特别的餐厅。

3) 下次在哪儿见？　　　　　　　　C. 是啊！北京一家酒店引进了机器人。

4 다음 그림과 단어를 이용하여 대화를 완성하세요.

聊天   讨论   玩游戏

1) A: 朋友们聚会的时候，一般在什么地方见面?

   B: _____

   A: 聚会的时候，一般做什么?

   B: _____

打扫   做饭   整理房间

2) A: 你在生活中看过哪些机器人?

   B: _____

   A: 你想怎么运用机器人?

   B: _____

단 어

咖啡店 kāfēidiàn 명 커피숍 | 聊天 liáotiān 동 잡담하다 | 讨论 tǎolùn 동 토론하다 | 游戏 yóuxì 명 게임 | 聚会 jùhuì 명 모임 | 厨师 chúshī 명 요리사 | 咖啡师 kāfēishī 명 바리스타 | 吸尘器 xīchénqì 명 진공청소기 | 运用 yùnyòng 동 운용하다, 활용하다

11과 중국의 과학 기술   159

 간체자 쓰기

획순	开 开 开 开		心 心 心 心	
开心	开	心		
kāixīn	kāixīn			
즐겁다				

획순	特 特 特 特 特 特 特 特 特		别 别 别 别 别 别 别	
特别	特	别		
tèbié	tèbié			
특별하다				

획순	想 想 想 想 想 想 想 想 想		象 象 象 象 象 象 象 象 象	
想象	想	象		
xiǎngxiàng	xiǎngxiàng			
상상하다				

획순	结 结 结 结 结 结 结 结		账 账 账 账 账 账 账	
结账	结	账		
jiézhàng	jiézhàng			
결제하다				

획순	任任任任任任	务务务务务
任务	任 务	
rènwu	rènwu	
임무		

획순	好好好好好好	处处处处处
好处	好 处	
hǎochù	hǎochù	
좋은 점		

획순	节节节节节	省省省省省省省省
节省	节 省	
jiéshěng	jiéshěng	
절약하다		

획순	吸吸吸吸吸吸	引引引引
吸引	吸 引	
xīyǐn	xīyǐn	
끌어당기다		

11과 중국의 과학 기술 161

12과

중국의 경제 문화

회화 1 중국의 전자 상거래
회화 2 중국판 블랙프라이데이

중국의 11월 11일은 어떤 날일까요?

우리나라의 11월 11일은 농업인의 날, 지체장애인의 날로 제정되었지만 대부분의 사람들이 빼빼로데이로 알고 있습니다. 1983년 빼빼로 과자가 출시되면서 당시 여중생들 사이에서 '빼빼로처럼 빼빼하길 바란다'는 의미로 주고받은 것을 제조 회사에서 마케팅에 적극 활용하여 1990년대 후반부터 전국으로 확산되었습니다. 요즘은 연인, 친지, 동료들끼리 빼빼로 과자를 주고받으면서 기념일로 보내고 있습니다.

그럼 중국에서는 이날을 어떻게 보낼까요? 중국인들은 숫자 '1'이 사람이 홀로 외롭게 서있는 것처럼 보인다하여 11월 11일을 '光棍节 guānggùnjié'라고 합니다. '光棍'은 '홀아비', '솔로'를 뜻합니다. 光棍节는 1993년 南京 대학교 남학생들의 솔로 탈출 캠페인이 중국 전역으로 알려지면서 이날에 솔로들의 소개팅, 파티, 선물 교환 등 솔로를 챙겨주는 문화가 확산되면서 시작되었습니다.

그 후 2009년 중국의 최대 전자 상거래 기업인 '알리바바(阿里巴巴 Ālǐbābā)'에서 '솔로데이를 쇼핑으로 즐기라'는 의미로 대대적인 할인 행사를 시작하여 11월 11일을 최대 쇼핑의 날로 보내고 있습니다.

중국의 전자 상거래 업체에 대해 알고 있나요?

중국 최대 전자 상거래 업체인 알리바바 그룹은 1999년 '马云 Mǎ Yún'이 중국 제조업체와 국외의 구매자들을 위한 사이트인 'Alibaba.com'을 만들면서 시작되었습니다. 2000년 일본 소프트뱅크의 투자를 유치하면서 성장하였고, 2003년 전자 상거래 사이트인 '淘宝 táobǎo'를 개설하였으며, 2004년에는 온라인 결제 시스템인 '알리페이(Alipay)', 중국어로 '支付宝 zhīfùbǎo'를 설립하였고, 2008년에는 세계적인 제품을 중국 소비자가 직접 구매할 수 있는 '티몰(T-mall), 天猫 tiānmāo' 사이트를 열었습니다.

알리바바에 이어 중국 전자 상거래 플랫폼 2위는 '京东商城 Jīngdōng shāngchéng'으로 1998년 '刘强东 Liú Qiángdōng'이 설립한 회사입니다. 2004년 PC 부품의 인터넷 판매를 시작하여, 2006년에는 휴대전화 및 가전제품 판매로 확대하였고, 2008년에는 상품 카테고리를 더 확대하여 현재의 종합 쇼핑몰로 변화하였습니다. 京东의 최대 장점은 2007년부터 구축하기 시작한 물류 센터 사업으로 최상의 배송 서비스를 가장 중요한 전략으로 내세운 것입니다.

또한 京东은 2014년 나스닥에 상장되었으며, 2015년 중국 국내 인터넷 쇼핑몰 시장 2위 뿐만 아니라 전 세계 4위 규모의 'B2C(business to consumer)' 전자 상거래 업체가 되었습니다.

주제 토론

자신의 생필품 구입 경로를 소개해 봅시다.

중국 인터넷 쇼핑 사이트의 현황을 조사하고, 한국의 상황과 비교해 봅시다.

01 02

중국의 경제

03 04

한국판 블랙프라이데이에 대해 조사해 봅시다.

인터넷 쇼핑의 장단점을 토론해 봅시다.

▶▶▶ **회화 1**

- 电子商务 diànzǐ shāngwù 명 전자 상거래
- 网站 wǎngzhàn 명 (인터넷) 웹 사이트
- 阿里巴巴 Ālǐbābā
  명 알리바바(중국 최대 B2B 전자상거래 플랫폼)
- 淘宝 táobǎo 명 타오바오(중국 최대 인터넷 경매 사이트)
- 天猫 tiānmāo 명 T-mall(중국 전자 상거래 업체)
- 京东 Jīngdōng 명 JD.com(중국 전자 상거래 업체)
- 网民 wǎngmín 명 인터넷 가입자, 네티즌
- 亿 yì 수 억
- 数目可观 shùmùkěguān 숫자가 상당하다
- 交易额 jiāoyì'é 명 거래액
- 韩币 hánbì 명 한국 돈, 원화
- 兆 zhào 수 조

▶▶▶ **회화 2**

- 耶 yē 감 오~ 예!
- 盼望 pànwàng 동 간절히 바라다
- 光棍节 guānggùnjié 명 솔로의 날, 독신자의 날(매년 11월 11일)
- 单身节 dānshēnjié 명 싱글데이
- 黑色星期五 hēisè xīngqīwǔ 명 블랙프라이데이(미국 최대 세일 기간)
- 商品 shāngpǐn 명 상품
- 打折 dǎzhé 동 가격을 깎다, 디스카운트하다
- 赶快 gǎnkuài 부 재빨리, 속히, 어서
- 上网 shàngwǎng 동 인터넷을 하다
- 半夜 bànyè 명 심야, 한밤중

회화 1 중국의 전자 상거래

김민호와 왕리가 전자 상거래에 대해 이야기합니다.

金民浩 中国最大的电子商务网站有哪些?
Zhōngguó zuì dà de diànzǐ shāngwù wǎngzhàn yǒu nǎxiē?

王丽 有阿里巴巴的淘宝网、天猫还有京东等等。
Yǒu Ālǐbābā de táobǎowǎng、tiānmāo háiyǒu Jīngdōng děngděng.

金民浩 中国有多少网民?
Zhōngguó yǒu duōshao wǎngmín?

王丽 大概有六亿五千万人。
Dàgài yǒu liùyì wǔqiān wàn rén.

金民浩 哇! 真是数目可观啊。
Wā! Zhēnshì shùmùkěguān a.

王丽 是的。最近的交易额是韩币九百兆左右。
Shìde. Zuìjìn de jiāoyì'é shì hánbì jiǔbǎi zhào zuǒyòu.

회화 2 중국판 블랙프라이데이

김민호와 왕리가 중국판 블랙프라이데이에 대해 이야기합니다.

王丽 耶！今天就是盼望已久的光棍节了。
Yē! Jīntiān jiù shì pànwàng yǐ jiǔ de guānggùnjié le.

金民浩 光棍节不是单身节吗？有什么高兴的？
Guānggùnjié búshì dānshēnjié ma? Yǒu shénme gāoxìng de?

王丽 因为11月11号是中国版黑色星期五。
Yīnwèi shíyī yuè shíyī hào shì Zhōngguóbǎn hēisè xīngqīwǔ.

金民浩 是吗？真的会便宜吗？
Shì ma? Zhēnde huì piányi ma?

王丽 你不知道吧，很多商品都打三折。
Nǐ bù zhīdào ba, hěn duō shāngpǐn dōu dǎ sān zhé.

金民浩 真的吗？那我们赶快上网吧。
Zhēnde ma? Nà wǒmen gǎnkuài shàngwǎng ba.

王丽 等一等！到半夜十二点才开始打折。
Děng yi děng! Dào bànyè shí'èr diǎn cái kāishǐ dǎzhé.

문장 말하기

MP3 12-4

녹음을 듣고 따라 읽으세요.

1
网民　　　　　wǎngmín
多少网民　　　duōshao wǎngmín
有多少网民　　yǒu duōshao wǎngmín
中国有多少网民?　Zhōngguó yǒu duōshao wǎngmín?

2
上网吧　　　　shàngwǎng ba
赶快上网吧　　gǎnkuài shàngwǎng ba
我们赶快上网吧　wǒmen gǎnkuài shàngwǎng ba
那我们赶快上网吧。　Nà wǒmen gǎnkuài shàngwǎng ba.

3　中国最大的<u>电子商务网站</u>有哪些?
节日
自治区
电影城

단어
□ 自治区 zìzhìqū 명 자치구
电影城 diànyǐngchéng
명 영화 세트장

4　今天就是盼望已久的<u>光棍节</u>了。
春节
寒假
开学典礼

□ 寒假 hánjià 명 겨울 방학
开学 kāixué 동 개학하다
典礼 diǎnlǐ 명 식, 행사

문장 쓰기

녹음을 듣고 따라 읽으면서 괄호 안에 알맞은 한어병음이나 한자를 써 보세요.

따라 읽기 ☐☐☐

1 (　　　) yǒu liùyì wǔqiān wàn rén.

따라 읽기 ☐☐☐

2 Guānggùnjié búshì (　　　) ma?

따라 읽기 ☐☐☐

3 最近的交易额是韩币九百兆(　　　)。

따라 읽기 ☐☐☐

4 到半夜十二点才开始(　　　)。

핵심 문법

1 부사 '大概'

부사 '大概'는 주로 문장 앞에 위치하여 '대략', '아마도'라는 뜻을 나타냅니다. 사물에 대한 판단, 추측, 의심 등 말하는 사람의 심리적인 태도를 나타내거나 시간, 수량에 대한 추측이나 짐작 등을 표현합니다.

예 大概有六亿五千万人。Dàgài yǒu liùyì wǔqiān wàn rén.
中国的汉字大概有十万字。Zhōngguó de hànzì dàgài yǒu shíwàn zì.
他大概今年去北京留学。Tā dàgài jīnnián qù Běijīng liúxué.

2 이합사 '打折'

이합사란 동사의 한 종류로, 내부 구조가 '동사 + 목적어'로 이루어진 것을 말합니다. 구조상 이미 목적어를 가지고 있기 때문에 또 다른 목적 성분이나 동작의 횟수, 시간의 양을 나타내는 보어는 이합사 사이에 써야 합니다.

예 很多商品都打三折。Hěn duō shāngpǐn dōu dǎ sān zhé.
他洗了一个小时的澡。Tā xǐ le yí ge xiǎoshí de zǎo.

동태조사 '了', '着', '过' 역시 이합사 사이에 써야 합니다.

예 我们以前见过面。Wǒmen yǐqián jiànguo miàn.
姐姐去年结了婚。Jiějie qùnián jié le hūn.

대표적인 이합사로는 '见面', '结婚', '生气', '请客', '帮忙', '洗澡' 등이 있습니다.

> Tip 중국에서 할인 판매를 '打折'라고 표현합니다. 한국의 할인율 표시 방법은 할인되는 금액에 초점을 맞추지만, 중국은 할인 후 지불해야 하는 금액의 비율을 표시합니다. 즉, '打三折'는 '70% 할인되었다'는 뜻입니다.

 단어

见面 jiànmiàn 동 만나다 | 生气 shēngqì 동 화내다 | 请客 qǐngkè 동 초대하다, 한턱내다 | 帮忙 bāngmáng 동 도움을 주다 | 洗澡 xǐzǎo 동 목욕하다

3 외래어 번역 방식

① **음역(音译) 방식**: 영어의 지명, 인명 등의 고유명사를 번역하는 가장 보편적인 방식으로, 외래어의 발음과 비슷한 한자를 차용하는 방식입니다.

    초콜릿(chocolate) → 巧克力 qiǎokèlì   커피(coffee) → 咖啡 kāfēi
    맥도날드(McDonald's) → 麦当劳 Màidāngláo   뉴욕(New York) → 纽约 Niǔyuē

② **의역(意译) 방식**: 뜻이 포함되도록 한자로 단어를 만드는 방식으로 신문, 잡지, 기관, 단체 등을 번역할 때 주로 사용합니다.

    백악관(White House) → 白宫 Bái Gōng   허니문(honeymoon) → 蜜月 mìyuè
    컴퓨터(computer) → 电脑 diànnǎo   휴대폰(cellphone) → 手机 shǒujī

③ **반음·반의역 방식**: 한 단어에 음역과 의역을 포함시켜 번역한 방식입니다.

    코카콜라(CocaCola) → 可口可乐 kěkǒukělè   벤츠(Benz) → 奔驰 Bēnchí
    스타벅스(Starbucks) → 星巴克 Xīngbākè   월스트리트(Wall Street) → 华尔街 Huá'ěrjiē

④ **한자를 더하는 방식**: 음역이나 의역 후 유형이나 종류를 설명하는 한자를 더하는 방식입니다.

    맥주(beer) → 啤酒 píjiǔ   칵테일(cocktail) → 鸡尾酒 jīwěijiǔ
    지프(jeep) → 吉普车 jǐpǔchē   연미복(tailcoat) → 燕尾服 yànwěifú

4 컴퓨터 용어

컴퓨터를 비롯한 IT 기기 사용 인구가 급속히 증가하면서, 관련 신조어도 많이 생겨나고 있습니다.

    电脑 diànnǎo 컴퓨터(computer)   显示器 xiǎnshìqì 모니터(monitor)
    鼠标 shǔbiāo 마우스(mouse)   启动 qǐdòng 부팅(booting)
    点击 diǎnjī 클릭하다(click)   复制 fùzhì 복사하다(copy)
    存储 cúnchǔ 저장하다(save)   删除 shānchú 삭제하다(delete)
    下载 xiàzài 다운로드하다(download)   登录 dēnglù 로그인하다(log in)
    注销 zhùxiāo 로그아웃하다(log out)

종합 연습

1 다음 중국어 문장을 보고 해당하는 사진을 고르세요.

1) 中国最大的电子商务网站有哪些? (　　)

2) 11月11号是中国版黑色星期五。 (　　)

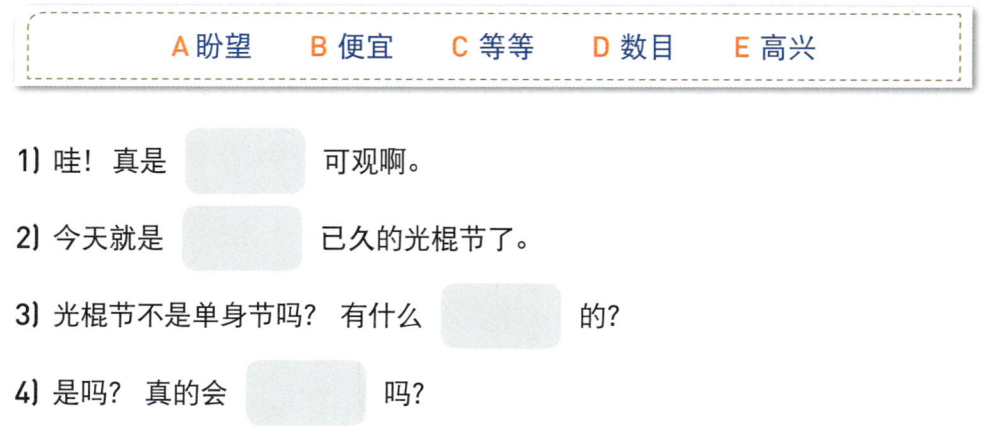

2 다음 빈칸에 들어갈 알맞은 표현을 보기에서 고르세요.

> A 盼望　　B 便宜　　C 等等　　D 数目　　E 高兴

1) 哇! 真是 _____ 可观啊。

2) 今天就是 _____ 已久的光棍节了。

3) 光棍节不是单身节吗? 有什么 _____ 的?

4) 是吗? 真的会 _____ 吗?

3 어울리는 문장을 연결하여 대화문을 만드세요.

1) 中国有多少网民?　　　　　　　　A. 等一等! 到半夜十二点才开始打折。

2) 那我们赶快上网吧。　　　　　　　B. 大概有六亿五千万人。

3) 中国最大的电子商务网站有哪些?　　C. 有阿里巴巴的淘宝网、天猫等等。

172

4 다음 그림과 단어를 이용하여 대화를 완성하세요.

质量   设计   价格

1) A: 你一般在什么地方买衣服?

B: _____

A: 买衣服的时候，你最注重什么?

B: _____

五月   十月   十二月

2) A: 韩国的黑色星期五在几月份?

B: _____

A: 大减价的时候，你一般买什么?

B: _____

단어

质量 zhìliàng 명 품질 | **设计** shèjì 명 디자인 | **注重** zhùzhòng 통 중점을 두다 | **大减价** dàjiǎnjià 명 그랜드 세일 | **大衣** dàyī 명 외투, 오버코트 | **羽绒服** yǔróngfú 명 다운 재킷 | **化妆品** huàzhuāngpǐn 명 화장품

 간체자 쓰기

획순	网 冂 冈 冈 网 网	民 民 民 民 民
网民 wǎngmín 네티즌	网 民 wǎngmín	

획순	大 大 大	概 概 概 概 概 概 概 概 概 概 概 概 概
大概 dàgài 아마도	大 概 dàgài	

획순	盼 冂 月 盼 盼 盼 盼 盼	望 望 望 望 望 望 望 望 望 望
盼望 pànwàng 간절히 바라다	盼 望 pànwàng	

획순	高 高 高 高 高 高 高 高 高	兴 兴 兴 兴 兴 兴
高兴 gāoxìng 기쁘다	高 兴 gāoxìng	

획순	商商商商商商商商商商商 品品品品品品品品品
商品 shāngpǐn 상품	商 品 shāngpǐn

획순	打打打打打 折折折折折折折
打折 dǎzhé 가격을 깎다	打 折 dǎzhé

획순	赶赶赶赶赶赶赶赶赶赶 快快快快快快快
赶快 gǎnkuài 재빨리	赶 快 gǎnkuài

획순	半半半半半 夜夜夜夜夜夜夜夜
半夜 bànyè 심야, 한밤중	半 夜 bànyè

12과 중국의 경제 문화

본문 해석

1과

회화 ①

왕　리: 중국요리는 매우 유명합니다.
김민호: 그렇지요, 전통 요리와 먹거리들이 헤아릴 수 없이 매우 많아요.
왕　리: 당신은 어떤 중국요리를 먹어봤어요?
김민호: 저는 베이징 오리구이, 쓰촨 훠궈를 먹어 봤어요.
왕　리: 그리고 더 있나요?
김민호: 텐진의 '거우부리 만두', 신장의 양꼬치를 먹어 봤어요.

회화 ②

김민호: 중국 각 지역의 요리는 어떤 특징이 있나요?
왕　리: 중국요리에는 '남쪽은 달고 북쪽은 짜고, 동쪽은 맵고 서쪽은 시다'라는 말이 있어요.
김민호: 어쩐지 어제 먹은 동북 요리가 좀 짜더라구요.
왕　리: 그럼 내일 우리 어느 지역의 요리를 먹을까요?
김민호: 당신이 나에게 추천해 주세요.
왕　리: 당신은 매운 음식을 좋아하니, 쓰촨 요리를 맛보면 어떨까요?

2과

회화 ①

김민호: 중국에는 어떤 유명한 술이 있나요?
왕　리: 마오타이, 우량예 등이 있어요. 그런데 알코올 도수가 매우 높아요.
김민호: 몇 도나 돼요?
왕　리: 보통 50도입니다.
김민호: 와! 마실 수 있어요? 저는 도수 높은 술은 마시지 못합니다.
왕　리: 그러면 당신은 칭다오 맥주를 마셔요, 저는 마오타이를 마실게요.

회화 ②

왕　리: 민호 씨, 한·중 양국의 음주 습관은 어떤 차이가 있나요?
김민호: 서로 술잔을 부딪치며, 함께 건배를 하는 습관은 같아요.
왕　리: 다른 습관은 어떤 것이 있나요?
김민호: 한국인들은 술을 마실 때, 서로 술잔을 바꿉니다.
왕　리: 중국인들은 그런 습관은 없어요.
김민호: 그리고 한국인들은 술잔을 다 비워야 비로소 술을 따르는데, 중국인들은 첨잔을 할 수 있지요.

3과

회화 ①

왕　리: 금년 중국에서는 940만 응시생들이 수능 시험을 볼 거예요.
김민호: 와, 그렇게 많아요! 언제 시험봐요?
왕　리: 시험 일정은 보통 6월 7일과 8일, 이틀입니다.
김민호: 제 중국 친구 한 명이 작년에 베이징대학에 합격했어요.
왕　리: 정말 대단하네요! 베이징대학은 합격하기 어려워요!
김민호: 그 친구는 요 몇 년간 끊임없이 노력해서, 지금 꿈을 이룬 거예요.

회화 ②

왕　리: 현재 중국의 경제는 그리 좋지 않아요.
김민호: 청년들의 취업 문제에 영향을 미치지 않을까요?
왕　리: 그렇지요. 많은 학생들이 대학을 졸업하고도 일자리를 찾을 수 없어요.
김민호: 그러면 어떻게 하나요?
왕　리: 많은 젊은이들이 창업의 길을 선택해요.
김민호: 중국 젊은이들의 창업 열의가 매우 높다고 들었어요!

4과

회화 ❶

김민호: 저는 중국은 여성의 사회적 지위가 매우 높다고 생각해요.
왕 리: 맞아요. 중국의 정책은 남녀평등을 기본 규범으로 삼고 있어요.
김민호: 그러면 남녀평등은 어느 영역에서의 평등을 가리키나요?
왕 리: 남녀가 정치, 경제와 사회에서 평등한 것을 가리키지요.
김민호: 어쩐지 대부분 중국 가정은 부부가 모두 일을 하더라구요.
왕 리: 네. 그래서 중국에서는 남자가 빨래를 하고, 밥을 짓는 것은 흔한 일입니다.

회화 ❷

김민호: 최근 '지우링허우'라는 단어를 많이 들었는데요, 저에게 설명 좀 해 줄 수 있어요?
왕 리: 좋아요. '지우링허우'는 90년대에 태어난 사람을 가리킵니다.
김민호: 그러면 '지우링허우'는 대부분 외동이겠네요?
왕 리: 네. 그래서 '지우링허우'는 응석받이로 자란 면이 있지요.
김민호: 그래요?
왕 리: 그러나 그들은 인터넷 시대에 생활하고 있기에, 지식도 매우 풍부해요.

5과

회화 ❶

김민호: 오늘이 발렌타인데이라서 그런지, 곳곳에 다 초콜릿이네요.
왕 리: 요 몇 년 동안 많은 젊은이들이 발렌타인데이를 지내거든요.
김민호: 중국에서는 일반적으로 어떤 선물을 주나요?
왕 리: 어떤 사람은 초콜릿을 주고, 어떤 사람은 반지를 줍니다.

김민호: 한국하고 비슷하군요. 듣자하니 중국에서는 칠석날도 지낸다던데요.
왕 리: 맞아요, 칠석날도 사랑을 고백하는 날이에요.

회화 ❷

김민호: 아주 시끌벅적하네요! 저는 중국인의 결혼식에 처음 참석하는 겁니다.
왕 리: 정말 즐거움이 가득하네요!
김민호: 신부가 붉은 색 치파오를 입고, 머리에는 커다란 붉은 꽃을 꽂고 있는 것 좀 보세요.
왕 리: 손님들이 많이 왔군요.
김민호: 와! 보세요! 신랑과 신부가 건배하러 옵니다.
왕 리: 우리 같이 건배합시다! 백년해로 하시기를 바랍니다!

6과

회화 ❶

김민호: 당시(唐诗)는 매 시(诗)가 다 마치 아름다운 그림 같습니다.
왕 리: 정말 시의 정취와 그림의 분위기가 아름답죠! 당신은 어떤 시인을 좋아해요?
김민호: 저는 낭만주의 시인 이백을 좋아합니다. 당신은요?
왕 리: 저는 두보를 좋아해요. 이백의 시 가운데 외울 수 있는 게 있어요?
김민호: 있습니다. 〈정야사(静夜思)〉를 외울 수 있어요.
왕 리: 정말요? 저에게 좀 들려 주세요.

회화 ❷

김민호: 무슨 책을 보고 있어요?
왕 리: 노신의 소설 〈아큐정전(阿Q正传)〉을 보고 있어요.
김민호: 노신은 유명한 작가인가요?
왕 리: 네. 원래 그는 의학을 공부했었는데, 학교를 그만둔 후 문학 창작에 종사했어요.
김민호: 정말 대단하군요! 〈아큐정전(阿Q正传)〉 외에 또 어떤 소설이 유명한가요?

왕　리: 〈광인일기(狂人日记)〉, 〈공을기(孔乙己)〉, 〈고향(故乡)〉 등이 있어요.

7과
회화 ❶
왕　리: 당신은 경극에 대해 흥미가 있어요?
김민호: 흥미가 있긴 한데, 노래하는 내용이 무엇인지 못 알아 듣겠어요.
왕　리: 그러면 경극의 무엇을 좋아하는 거예요?
김민호: 저는 배우들의 연기와 의상이 좋아요, 또 검보도 좋아합니다.
왕　리: 검보는 여러 다양한 인물들의 성격과 지위를 나타낼 수 있어요.
김민호: 만약 시간이 있으면, 우리 같이 보러 가요!

회화 ❷
김민호: 와! 소림사는 정말 백문이 불여일견이에요!
왕　리: 영화 〈소림사〉를 본 적이 있어요?
김민호: 봤지요. 배우들의 무술이 대단하던데요.
왕　리: 어렸을 때 저는 소림 무슬을 배우고 싶었어요.
김민호: 그래요? 저는 영화 〈소림사〉를 본 이후부터 중국어에 대해 관심이 생기기 시작했어요.
왕　리: 그랬군요!

8과
회화 ❶
김민호: 저는 베이징에 온 지 1년이 됐는데, 아직 베이징의 전통 주택을 보지 못했어요.
왕　리: 베이징의 전통 주택을 사합원이라고 해요.
김민호: 왜 사합원이라고 합니까?
왕　리: 왜냐하면 사면의 집이 한데 모여, '입구 자(口)'를 형성하기 때문에 사합원이라고 불러요.
김민호: 그러면 사합원의 '院'은 무엇을 가리키는 거예요?
왕　리: '院'은 가운데 정원을 말해요.

회화 ❷
김민호: 저는 사진에서 토루를 본 적이 있어요. 규모가 크고, 형태도 독특하던데요.
왕　리: 토루는 일반적으로 원형이고, 높이는 5~6층이고, 700~800명이 살 수 있어요.
김민호: 그건 어느 지역의 건축물이에요?
왕　리: 중국 동남부 객가 지역의 건축물이에요.
김민호: 그래요? 이런 집을 지은 목적이 무엇이지요?
왕　리: 가족들이 한 자리에 모이기 유리하고, 전쟁을 방어할 수도 있어서지요.

9과
회화 ❶
김민호: 당신이 일본 자유 여행 간다고 들었는데, 맞죠?
왕　리: 소식 정말 빠르네요, 이렇게 빨리 알다니요!
김민호: 그럼 제가 에어비앤비를 추천할께요.
왕　리: 에어비앤비가 뭐예요?
김민호: 현지 사람의 빈방에서 마치 자기 집처럼 머무는 것인데, 가격도 저렴해요.
왕　리: 정말 좋겠네요! 편안하면서도 저렴하면, 정말 일거양득이죠.

회화 ❷
왕　리: 지금 마침 퇴근 시간이라, 택시 잡기가 정말 어렵네요, 어떻게 하지요?
김민호: 그러게요! 여기서 벌써 15분 동안 서 있었는데도, 아직 택시를 못 잡았어요.
왕　리: 참! 제가 며칠 전에 '디디추싱' 앱을 다운받았어요.
김민호: 그래요? 한 번 해 봐요.
왕　리: 호출에 성공했어요. 택시 한 대와 연결되서, 2분 있으면 와요.
김민호: 정말 잘 되었네요.

10과

회화 ❶
김민호: 당신 가족들의 매일 출퇴근 차비가 적지 않겠네요?
왕 리: 하하! 우리 가족들은 전동차를 타고 출퇴근해서, 교통비 걱정 없어요.
김민호: 그래요? 전동차는 위험하지 않나요?
왕 리: 교통규칙만 잘 지킨다면, 문제없어요.
김민호: 그들은 왜 이 교통수단을 선택했어요?
왕 리: 전동차는 가격이 저렴할 뿐 아니라, 막히지도 않기 때문이지요.

회화 ❷
김민호: 이번에 베이징으로 돌아갈 때, 무엇을 타고 갈 계획이예요?
왕 리: 저는 고속철도를 타고 가려고 해요.
김민호: 비행기가 빠른데, 왜 비행기를 안 타요?
왕 리: 왜냐하면 비행기는 기후 영향으로, 자주 연착돼요.
김민호: 그래요? 고속철도를 타면, 상하이에서 베이징까지 얼마나 걸리나요?
왕 리: 5시간이면 돼요, 일반 기차를 타면 15시간이 소요되지요.

11과

회화 ❶
김민호: 오늘 정말 즐거웠어요. 다음 번엔 어디서 만날까요?
왕 리: 다음 번에는 제가 매우 특별한 식당에 당신을 데리고 갈께요.
김민호: 무슨 식당이 그렇게 특별해요?
왕 리: 당신은 아마 상상하기 어려울걸요. 로봇 식당이라고 들어 본 적 있어요?
김민호: 정말 로봇 식당이 있다고요? 신기하네요.
왕 리: 그럼요! 로봇이 손님에게 식사 주문, 서빙, 결제까지 해 주는걸요.

회화 ❷
김민호: 중국에 로봇 호텔이 있다고 들었어요.
왕 리: 맞아요! 베이징의 한 호텔에 로봇을 들여왔어요.
김민호: 로봇이 호텔에서 무엇을 하나요?
왕 리: 로봇의 주된 업무는 손님에게 생수를 가져다 주는 거예요.
김민호: 로봇을 쓰는 좋은 점은 무엇인가요?
왕 리: 로봇을 쓰면 인건비를 절약할 뿐만 아니라, 손님을 끌 수 있어요.

12과

회화 ❶
김민호: 중국의 가장 큰 전자 상거래 웹 사이트로는 어떤 것들이 있어요?
왕 리: 알리바바의 타오바오, 티몰 그리고 JD.com 등이 있지요.
김민호: 중국의 네티즌은 얼마나 될까요?
왕 리: 대략 6억 5천만 명이요.
김민호: 와! 정말 숫자가 상당하네요.
왕 리: 그렇죠. 최근의 전자 상거래 거래액이 한화 900조 정도인걸요.

회화 ❷
왕 리: 오~ 예! 오늘이 바로 기다리고 기다리던 광군절이네요.
김민호: 광군절이라면 솔로데이 아닌가요? 뭐가 기뻐요?
왕 리: 왜냐하면 11월11일은 중국판 블랙프라이데이이니까요.
김민호: 그래요? 정말 저렴해요?
왕 리: 몰랐죠? 많은 상품들이 70% 할인해요.
김민호: 정말요? 그럼 우리도 빨리 인터넷에 접속해요.
왕 리: 좀 기다려요! 밤 12시가 돼야 할인이 시작돼요.

모범 답안

1과
문장 쓰기
1. yǒumíng 2. yǒudiǎnr
3. 料理 4. 怎么样

종합 연습
1. 1) B 2) A
2. 1) A 2) C 3) D 4) B
3. 1) B 2) A 3) C

2과
문장 쓰기
1. shénmede 2. xíguàn
3. 青岛 4. 不一样

종합 연습
1. 1) A 2) B
2. 1) D 2) B 3) A 4) C
3. 1) B 2) C 3) A

3과
문장 쓰기
1. kǎoshàng 2. bútài
3. 如愿以偿 4. 年轻人

종합 연습
1. 1) B 2) A
2. 1) D 2) C 3) B 4) A
3. 1) C 2) A 3) B

4과
문장 쓰기
1. píngděng 2. tīngdào
3. 衣服, 饭 4. 娇生惯养

종합 연습
1. 1) A 2) B
2. 1) B 2) A 3) C 4) D
3. 1) C 2) A 3) B

5과
문장 쓰기
1. guò 2. cānjiā
3. 表白 4. 敬酒

종합 연습
1. 1) A 2) B
2. 1) C 2) E 3) D 4) B
3. 1) C 2) A 3) B

6과
문장 쓰기
1. xiàng 2. zài
3. 能 4. 原来

종합 연습
1. 1) B 2) A
2. 1) D 2) A 3) E 4) B
3. 1) B 2) C 3) A

7과
문장 쓰기
1. bùrú 2. cóng
3. 不过 4. 要是

종합 연습
1. 1) B 2) A
2. 1) E 2) D 3) C 4) A
3. 1) B 2) C 3) A

8과
문장 쓰기
1. jiào 2. gài
3. 所以 4. 又, 又

종합 연습
1. 1) B 2) A
2. 1) A 2) C 3) B 4) D
3. 1) C 2) A 3) B

9과
문장 쓰기
1. shénme 2. jiē le dān
3. 听说 4. 下载

종합 연습
1. 1) A 2) B
2. 1) B 2) C 3) D 4) A
3. 1) C 2) B 3) A

10과
문장 쓰기
1. Diàndòngchē
2. wèishénme
3. 不但, 而且 4. 因为

종합 연습
1. 1) B 2) A
2. 1) B 2) E 3) A 4) C
3. 1) B 2) C 3) A

11과
문장 쓰기
1. tèbié 2. jiǔdiàn
3. 客人 4. 节省

종합 연습
1. 1) A 2) B
2. 1) A 2) C 3) E 4) B
3. 1) A 2) C 3) B

12과
문장 쓰기
1. Dàgài 2. dānshēnjié
3. 左右 4. 打折

종합 연습
1. 1) B 2) A
2. 1) D 2) A 3) E 4) B
3. 1) B 2) A 3) C

단어 색인

A
Ālǐbābā	阿里巴巴	명 알리바바	166
àiqíng	爱情	명 남녀 간의 사랑, 애정	68
àiqíngpiàn	爱情片	명 애정 영화	103
āndìng	安定	형 안정되다	142

B
Bālí	巴黎	명 파리	75
báitóuxiélǎo	白头偕老	백년해로(하다)	69
bǎihuòshāngdiàn	百货商店	명 백화점	117
bǎiwén bùrú yíjiàn	百闻不如一见	성 백문이 불여일견이다	97
bānzhǎng	班长	명 반장	44
bànyè	半夜	명 심야, 한밤중	167
bàngōngyòngfáng	办公用房	명 오피스텔	117
bànfàn	拌饭	비빔밥	19
bāng	帮	동 돕다, 거들다	61
bāngmáng	帮忙	동 도움을 주다	170
bāngzhù	帮助	동 돕다	142
bàng	棒	형 좋다, 훌륭하다	124
bāozi	包子	명 바오쯔(소가 든 만두)	12
Běi-Dà	北大	베이징대학교의 약칭	40
Běijīng	北京	명 베이징	12
bèi	背	동 외우다	82
bìyè	毕业	명동 졸업(하다)	41
biāozhǔn	标准	형 표준적이다	56
biǎobái	表白	동 나타내다, 고백하다	68
biǎoxiàn	表现	동 나타내다, 표현하다	96
biǎoyǎn	表演	동 공연하다, 연기하다	96
biànlì	便利	형 편리하다	126
biérén	别人	대 다른 사람	16
búcuò	不错	형 괜찮다, 좋다	47
búdàn…, érqiě…	不但…, 而且…	~뿐(만) 아니라~, 또한 ~하다	138
búguò	不过	접 그러나, 그런데, 하지만	26
bùjǐn	不仅	접 ~뿐만 아니라	153
bú tài	不太	별로, 그다지 ~하지 않다	41
bù zěnmeyàng	不怎么样	그리 좋지 않다	73

C
cài	菜	명 요리	12
càidān	菜单	명 메뉴	17
cānguān	参观	동 참관하다, 견학하다	101
cānjiā	参加	동 참가하다	40
cāntīng	餐厅	명 식당	152
céng	层	양 층, 겹	111
cháyè	茶叶	명 찻잎	128
cháng	尝	동 맛보다, 시식하다	13
Chángchéng	长城	명 만리장성	87
chángchu	长处	명 장점	154
chángjiàn	常见	형 늘 보이는, 흔히 보는	54
chàng	唱	동 노래하다	96
chànggē	唱歌	동 노래 부르다	73
chēfèi	车费	명 차비	138
chéng	成	동 ~이 되다, ~으로 변하다	86
Chéng Lóng	成龙	성룡	84
chéngběn	成本	명 원가, 자본금	153
chénggōng	成功	동 성공하다	70
chéngshì	城市	명 도시	128
chéngwéi	成为	동 ~가 되다	44
chīkǔ	吃苦	동 고생하다	56
chūbǎn	出版	동 출판하다	16
chūshēng	出生	동 출생하다, 태어나다	55
chūzūchē	出租车	명 택시	125
chúle…yǐwài, hái…	除了…以外，还…	~외에도, 또 ~하다	83
chúshī	厨师	명 요리사	159
chuān	穿	동 입다, 신다	69
chuántǒng	传统	명형 전통(적이다)	12
chuàngyè	创业	동 창업하다	41
chuàngzuò	创作	동 (문예 작품을) 창작하다	83
cí	词	명 말, 문구	55
cóng	从	개 ~부터, ~을 기점으로	16
cóng…dào…	从…到…	~에서 ~까지	139
cóngshì	从事	동 종사하다, 몸담다	83

D
dǎbāo	打包	동 포장하다	157
dǎsǎo	打扫	동 청소하다	61
dǎsuàn	打算	동 ~할 생각이다, 계획하다	32
dǎzhé	打折	동 가격을 깎다, 디스카운트하다	167
dàbùfen	大部分	명 대부분	54
dàgài	大概	부 대개	145
dàjiǎnjià	大减价	명 그랜드 세일	173
dàjiāxiè	大甲蟹	명 따자씨에, 상하이크랩	156
dàxiǎo	大小	명 크기	128
dàyī	大衣	명 외투, 오버코트	173
dàzáyuàn	大杂院	명 여러 가구가 모여 사는 뜰	112
dài	戴	동 착용하다, 달다	69
dài	带	동 데리다, 인도하다	152
dān	单	명 목록, 명세서	125
dāndú zhùzhái	单独住宅	명 단독 주택	117
dānshēnjié	单身节	명 싱글데이	167
dānxīn	担心	동 염려하다, 걱정하다	138
dànshì	但是	접 그러나, 그렇지만	55
dāngdìrén	当地人	명 현지인, 그 고장 사람	124

dǎoyóu	导游	명 관광 안내원, 가이드		47
dào	倒	동 붓다, 따르다		72
dàochù	到处	부 도처에, 곳곳에		68
dàojiǔ	倒酒	동 술을 따르다		27
dēngshān	登山	동 등산하다		33
dēngshàng	登上	올라서다		44
děng	等	동 기다리다		114
dīdīchūxíng	滴滴出行	디디추싱		125
dìfāng	地方	명 지방		13
dìqū	地区	명 지역, 지구		111
dìtiě	地铁	명 지하철		131
dìwèi	地位	명 (사회적) 지위, 위치		54
diǎncān	点餐	동 식사를 주문하다		152
diǎnlǐ	典礼	명 식, 행사		168
diàndòngchē	电动车	명 전동차(전기 자전거)		138
diànyǐng	电影	명 영화		33
diànyǐngchéng	电影城	영화 세트장		168
diànyǐngdǎoyǎn	电影导演	영화감독		61
diànyǐngmí	电影迷	영화 팬, 영화 광		86
diànzǐ shāngwù	电子商务	명 전자 상거래		166
diànyuán	店员	명 점원		47
diàochá	调查	동 조사하다		14
Dōngběi	东北	명 (중국의) 동북 지방		13
dōngxi	东西	명 것, 물건		17
dòngchē	动车	명 중국의 고속철도		140
dúshēngzǐnǚ	独生子女	명 외아들이나 외동딸		55
dútè	独特	형 독특하다, 특이하다		111
dǔchē	堵车	동 차가 막히다		126
dù	度	양 도		26
duǎnchu	短处	명 단점		154
duì	对	개 ~에게, ~에 대해		96
duōshao	多少	대 얼마, 몇		26

E

érqiě	而且	접 게다가, 뿐만 아니라		124
èrhú	二胡	명 얼후		59

F

fǎlǜ	法律	명 법률		140
fàndiàn	饭店	명 호텔		75
fāngbiàn	方便	형 편리하다		117
fāngmiàn	方面	명 방면, 영역		54
fángjiān	房间	명 방		61
fángwū	房屋	명 집, 주택, 건물		110
fángzi	房子	명 집, 건물		111
fángyù	防御	동 방어하다		111
fàngjià	放假	동 방학하다		32
fēicháng	非常	부 대단히, 매우, 아주		97
fēijī	飞机	명 비행기		16
fēngfù	丰富	형 많다, 풍부하다, 넉넉하다		55
fēngjǐng	风景	명 풍경		47
fūqī	夫妻	명 부부, 남편과 아내		54
fú	幅	양 폭		82
fúwù	服务	동 서비스하다		156
fúzhuāng	服装	명 복장, 의상		96
Fǔshān	釜山	명 부산		145
fùwēng	富翁	명 부자		86

G

gānbēi	干杯	동 건배하다, 잔을 비우다		27
gānjìng	干净	형 깨끗하다, 청결하다		154
gāngqín	钢琴	명 피아노		115
gài	盖	동 (건물·가옥 등을) 짓다, 건축하다		111
gǎn xìngqù	感兴趣	관심이 있다		58
gǎnkuài	赶快	부 재빨리, 속히, 어서		167
gàn	干	동 일을 하다		32
gāo'ěrfūqiú	高尔夫球	명 골프		33
gāodù	高度	형 도수가 매우 높다		26
gāofēng shíjiān	高峰时间	명 러시아워		126
gāokǎo	高考	명 중국 대학 입학시험		40
Gāolí Dàxué	高丽大学	고려대학교		47
gāosùbāshì	高速巴士	명 고속버스		145
gāotiě	高铁	명 고속철도		139
gègè	各个	대 각개의, 개개의, 각각의		13
gèzhǒng	各种	형 각종의, 갖가지의		96
gōngfu	功夫	쿵푸, 무술		97
gōngjīn	公斤	양 킬로그램(kg)		114
gōngyù	公寓	명 아파트		117
gōngjù	工具	명 도구, 수단		138
gōngzuò	工作	명 직업, 일자리		41
gǒubùlǐ	狗不理	거우부리(만두 이름)		12
gǔdài	古代	명 고대		89
gǔdiǎnyīnyuè	古典音乐	명 고전 음악, 클래식		89
gǔzhēng	古筝	명 쟁		103
Gùgōng	故宫	명 고궁		84
guàibude	怪不得	부 과연, 그러기에, 어쩐지		13
guānxīn	关心	동 관심을 갖다		61
guānggùnjié	光棍节	명 솔로의 날		167
guāngpán	光盘	명 시디(CD)		86
Guǎngzhōu	广州	명 광저우, 광주		117
guàng	逛	동 돌아다니다, 구경하다		117
guīmó	规模	명 규모, 형태		111
guīzé	规则	명 규칙		138
Guìlín	桂林	명 구이린, 계림		115
guóhuì yìyuán	国会议员	명 국회의원		61

H

Hā'ěrbīn	哈尔滨	명 하얼빈	19
hái	还	부 여전히, 아직도, 아직	12
hái kěyǐ	还可以	그런대로 괜찮다	117
hǎitái	海苔	명 김	70
hánbì	韩币	명 한국 돈, 원화	166
hánjù	韩剧	명 한국 드라마	42
hánjià	寒假	명 겨울 방학	168
hànbǎobāo	汉堡包	명 햄버거	157
háohuá	豪华	형 화려하다	154
hǎochī	好吃	형 맛있다	100
hǎochù	好处	명 장점, 좋은 점	153
hǎokàn	好看	형 아름답다, 보기좋다	115
hǎoyòng	好用	형 쓰기가 간편하다	126
hē	喝	동 마시다	26
hé	合	동 합치다, 모으다	110
hé	和	접 ~와/과	12
hēisè xīngqīwǔ	黑色星期五	블랙프라이데이	167
hóngmènzhūròu	红焖猪肉	돼지고기찜	14
hóngshēn	红参	명 홍삼	70
hūjiào	呼叫	동 호출하다, 부르다	125
hútòng	胡同	명 골목	115
hùliánwǎng	互联网	명 인터넷	55
hùxiāng	互相	부 서로, 상호	27
huār	花儿	명 꽃	70
huàr	画儿	명 그림	82
huàzhuāngpǐn	化妆品	명 화장품	173
huí	回	동 (원래의 곳으로) 되돌아가다	139
huílái	回来	동 되돌아 오다	16
huì	会	조동 ~를 할 수 있다, ~를 할 줄 알다	115
hūnlǐ	婚礼	명 결혼식, 혼례	69
huásuàn	划算	형 수지가 맞다	126
huàichu	坏处	명 나쁜 점, 결점	154
huǒchē	火车	명 기차	139
huǒguō	火锅	명 훠궈, 중국식 샤부샤부	12

J

jīběn	基本	명 기본	54
jīqìrén	机器人	명 로봇	152
jítā	吉他	명 기타	98
jì…, yòu…	既…, 又…	~하고, (또) ~하다	111
Jìzhōudǎo	济州岛	명 제주도	75
jìlǜ	纪律	명 기강, 법도	140
jiā	家	양 호텔, 식당, 병원 등 큰 건물을 세는 양사	153
jiārén	家人	명 가족, 식구	33
jiātíng	家庭	명 가정	54
jiāwù	家务	명 가사, 집안일	32
Jiāyùguān	嘉峪关	명 자위관	143
jiàgé	价格	명 가격, 값	115
jiǎnqīng	减轻	동 줄다, 감소하다	157
jiǎnzhí	简直	부 그야말로, 완전히	86
jiàn	见	동 마주치다, 만나다	86
jiànmiàn	见面	동 만나다	170
jiànshi	见识	명 견문, 지식	157
jiànshēn	健身	동 신체를 튼튼하게 하다	157
jiànzhùwù	建筑物	명 건축물	111
jiāng	将	부 장차, 곧, 막	40
jiānglái	将来	명 장래, 미래	61
jiāohuàn	交换	동 교환하다	27
jiāoshēngguànyǎng	娇生惯养	성 응석받이로 자라다	55
jiāotōngfèi	交通费	명 교통비	138
jiāoyì'é	交易额	명 거래액	166
jiào	叫	동 ~라고 부르다	110
jiē	接	동 연결되다	125
jiéhūn	结婚	동 결혼하다	42
jiézhàng	结账	동 결제하다, 계산하다	152
jiéshěng	节省	동 아끼다, 절약하다	142
jiè	借	동 빌리다, 빌려주다	87
jīnnián	今年	명 올해, 금년	40
jìnbù	进步	동 진보하다	73
jīngcǎi	精彩	형 뛰어나다, 훌륭하다, 멋지다	97
jīngcháng	经常	부 언제나, 늘, 자주	55
jīngjì	经济	명 경제	41
Jīngdōng	京东	명 JD.com	166
jīngjiàngròusī	京酱肉丝	경장육사	14
jīngjù	京剧	명 경극	96
jǐngdiǎn	景点	명 명승지, 명소	84
jǐngqì	景气	명 (경제 상황이) 번성하다	41
jìngjiǔ	敬酒	동 술을 권하다	69
jièzhi	戒指	명 반지	68
jiǔbēi	酒杯	명 술잔	27
jiǔdiàn	酒店	명 호텔	153
jiǔjīng	酒精	명 알코올	26
jiǔlínghòu	九零后	1990년 이후에 태어난 세대	55
jiùshì	就是	부 즉, 곧	55
jiùyè	就业	동 취직하다, 취업하다	41
jǔxíng	举行	동 거행하다	156
jù	聚	동 모이다	59
jùchǎng	剧场	명 극장	114
jùhuì	聚会	명 모임	159
juéde	觉得	동 ~라고 여기다, 생각하다	54
juédìng	决定	동 결정하다	129

K

kāfēidiàn	咖啡店	몡 커피숍	159
kāfēishī	咖啡师	몡 바리스타	159
kāi yǎnjiè	开眼界	견문을 넓히다	157
kāishǐ	开始	통 시작되다, 개시하다, 시작하다	97
kāixīn	开心	혱 기쁘다, 즐겁다	152
kāixué	开学	통 개학하다	168
kǎolǜ	考虑	통 고려하다, 생각하다	59
kǎoròu	烤肉	몡 불고기	19
kǎoshàng	考上	통 시험에 합격하다	40
kǎoshēng	考生	몡 수험생	40
kǎoshì	考试	몡 시험, 고사	40
kǎoyā	烤鸭	몡 오리구이	12
kēhuànpiàn	科幻片	몡 과학 공상 영화	103
kēxuéjiā	科学家	몡 과학자	44
kèrén	客人	몡 손님, 고객	69
kěn	肯	통 기꺼이 동의하다	142
kòng	空	몡 틈, 짬	42
kōngtiáo	空调	몡 에어컨	56
kōngzhōng shísù	空中食宿	몡 에어비앤비	124
kǒuyīn	口音	몡 발음	56
kuàicāndiàn	快餐店	몡 패스트푸드 가게	75
kuàizi	筷子	몡 젓가락	32
kuānchang	宽敞	혱 넓다, 크다	154
kuàngquánshuǐ	矿泉水	몡 광천수, 생수	153

L

lā	拉	통 켜다, 연주하다	115
là	辣	혱 맵다	13
lǎngdú	朗读	통 낭독하다	14
làngmàn	浪漫	혱 낭만적이다, 로맨틱하다	82
lǎobǎn	老板	몡 사장	61
lěngmiàn	冷面	몡 냉면	19
lǐwù	礼物	몡 선물, 예물	68
lǐxiǎng	理想	몡 이상	61
lìshǐ	历史	몡 역사	98
lìyòng	利用	통 이용하다	131
lìyú	利于	통 ~에 이롭다, ~에 도움이 되다	111
liǎ	俩	준 두 개, 두 사람	128
liǎnpǔ	脸谱	중국 경극의 화장	96
liángkuai	凉快	혱 서늘하다	56
liángshuǐ	凉水	몡 찬물	45
liǎng guó	两国	양국, 두 나라	27
liàng	辆	양 대, 량	125
liáotiān	聊天	통 잡담하다	159
liǎobuqǐ	了不起	혱 놀랄 만하다, 굉장하다	40
liàolǐ	料理	몡 요리	12
língtōng	灵通	혱 (정보가) 빠르다	124
lǐngdài	领带	몡 넥타이	70
Liúlíchǎng	琉璃厂	몡 리우리창	72
liúlì	流利	혱 (막힘이 없다)	
liúxué	留学	통 유학하다	129
lòngtáng	弄堂	몡 골목	115
lù	路	몡 길	41
lǚtú	旅途	몡 여정, 여행 도중	70
lǚxíngshè	旅行社	몡 여행사	47
lǜshī	律师	몡 변호사	61

M

mápódòufu	麻婆豆腐	마파두부	14
mǎgélìjiǔ	马格利酒	몡 막걸리	33
máotái	茅台	몡 마오타이주	26
màoyìgōngsī	贸易公司	몡 무역회사	47
měi	每	대 매, 각, ~마다	82
měilì	美丽	혱 아름답다, 예쁘다	82
měnggǔbāo	蒙古包	몡 파오	112
mí	迷	통 빠지다, 심취하다	101
mǐfàn	米饭	몡 쌀밥	58
miǎnshuìdiàn	免税店	몡 면세점	47
miànshí	面食	몡 밀가루 음식	58
míngjiǔ	名酒	몡 명주, 유명한 술	26
míngbùxūchuán	名不虚传	성 명실상부하다	84
míngcài	名菜	몡 유명한 요리	28
míngrén	名人	몡 유명한 사람	28
míngshènggǔjì	名胜古迹	몡 명승고적	28
míngxīng	明星	몡 스타	84
mùdì	目的	몡 목적	111
mùqián	目前	몡 지금, 현재	41

N

nǎxiē	哪些	대 어떤/어느 ~들(복수를 나타냄)	12
nàme	那么	접 그러면, 그렇다면	13
nán	难	혱 어렵다, 힘들다	40
nánbàn	难办	통 처리하기 힘들다	16
nèiróng	内容	몡 내용	96
niándài	年代	몡 시대, 시기, 연대, 시간, 세월	55
niánqīngrén	年轻人	몡 젊은 사람, 젊은이	41
nǔlì	努力	통 노력하다	40

P

pànwàng	盼望	통 간절히 바라다	167
pàocài	泡菜	몡 김치	42
pèngbēi	碰杯	통 (건배할 때) 잔을 서로 부딪치다	27
píbāo	皮包	몡 가죽 핸드백	75
píjiǔ	啤酒	몡 맥주	26
pípá	琵琶	몡 비파	103

| piányi | 便宜 | 형 (값이) 싸다 | 115 |
| píngděng | 平等 | 명 평등 | 54 |

Q
qīxījié	七夕节	명 칠석날	68
qí	骑	동 (동물이나 자전거 등에) 타다	138
qípáo	旗袍	명 치파오	69
qìchē	汽车	명 자동차	140
qìhòu	气候	명 기후	139
qiánbāo	钱包	명 지갑	70
qiánbèi	前辈	명 연장자, 선배	75
qiángshang	墙上	명 담장, 벽	72
qiǎokèlì	巧克力	명 초콜릿	68
qīnqi	亲戚	명 친척	75
Qīngdǎo	青岛	명 칭다오	26
Qíngrénjié	情人节	명 발렌타인데이	68
qǐngkè	请客	동 초대하다, 한턱내다	170
qióng	穷	형 빈곤하다, 가난하다	86
qiūgāoqìshuǎng	秋高气爽	성 가을 하늘은 높고 날씨는 상쾌하다	84
qūbié	区别	명 구별, 차이	27
Quánjùdé	全聚得	명 오리구이 전문점	129

R
rènao	热闹	형 번화하다, 떠들썩하다	69
rèqíng	热情	명 형 열정(적이다)	41
réngōng	人工	명 인력	153
rénshēnjiǔ	人参酒	명 인삼주	33
rénwù	人物	명 인물	96
rènwu	任务	명 임무	153
rìqī	日期	명 (특정) 날짜, 기간, 기일	40
rìzi	日子	명 날, 날짜, 시간	68
rúyuànyǐcháng	如愿以偿	성 소원성취하다	40
ruǎnjiàn	软件	명 소프트웨어	125

S
sàkèsī	萨克斯	명 색소폰	98
sǎnwén	散文	명 산문	89
Sānguózhì	三国志	명 삼국지	89
sècǎi	色彩	명 성향, 분위기	115
shāchénbào	沙尘暴	명 황사	30
shāndǐng	山顶	명 산꼭대기, 산 정상	44
Shānhǎiguān	山海关	명 산하이관	143
shānshuǐ	山水	명 산과 물, 산수 풍경	115
shāngpǐn	商品	명 상품	167
shāngpǐnquàn	商品券	명 상품권	75
Shànghǎi	上海	명 상하이	16
shàngwǎng	上网	동 인터넷을 하다	167

shāojiǔ	烧酒	명 소주	33
shèbèi	设备	명 설비, 시설	156
shèhuì	社会	명 사회	54
shèjì	设计	명 디자인	173
shénmede	什么的	대 기타 등등	26
shénqí	神奇	형 신기하다, 신비롭고 기이하다	152
shēngqì	生气	동 화내다	170
shěngqián	省钱	동 돈을 아끼다	126
shīqínghuàyì	诗情画意	명 시의 정취와 그림의 분위기	82
shīrén	诗人	명 시인	82
shídài	时代	명 시대, 시기	55
shíhou	时候	명 때, 시각, 무렵	27
shì	事	명 일	54
shìpǐn	饰品	명 장신구, 액세서리	75
shōují	收集	동 수집하다, 모으다	86
shǒu	首	양 수	82
Shǒu'ěr	首尔	명 서울	145
Shǒu'ěr Dàxué	首尔大学	서울대학교	47
shǒuduàn	手段	명 수단, 방법	131
shǒufǎ	守法	동 법을 지키다	142
shòu	受	동 받다, 받아들이다	139
shòudeliǎo	受得了	동 견딜 수 있다, 참을 수 있다	26
shūfǎ	书法	명 서예, 서법	103
shūshì	舒适	형 편안하다, 쾌적하다	124
shǔbúshèngshǔ	数不胜数	명 일일이 다 셀 수 없다	12
shùmùkěguān	数目可观	숫자가 상당하다	61
shuài	帅	형 잘생기다, 멋지다	86
shuāng	双	형 두 개의, 쌍의	72
shuāngshù	双数	명 짝수	16
shuǐdòufu	水豆腐	명 순두부	56
Shuǐhǔzhuàn	水浒传	명 수호전	89
shuì	睡	동 (잠을) 자다	45
shuōfa	说法	명 의견, 견해	13
shuōmíng	说明	동 설명하다, 해설하다	55
Sìchuān	四川	명 쓰촨	12
sìhéyuàn	四合院	명 사합원	110
sìmiàn	四面	명 사면, 사방, 동서남북	110
sòng	送	동 주다, 선물하다	68
suān	酸	형 시큼하다, 시다	13
suíbiàn	随便	부 마음대로, 좋을 대로	17
suíshí	随时	부 수시로, 언제나	101
suǒyǐ	所以	접 그래서, 그러므로, 때문에	54

T
tā	它	대 그(것), 저(것)	111
tàijíquán	太极拳	명 태극권	114
tán	弹	동 (악기를) 치다, 연주하다	115
táobǎo	淘宝	명 타오바오	166

병음	한자	뜻	쪽
tǎolùn	讨论	동 토론하다	159
tèbié	特别	형 특별하다, 특이하다	152
tèdiǎn	特点	명 특징, 특색	13
tèsè	特色	명 특색, 특징	115
tīngbudǒng	听不懂	알아들을 수 없다	96
tīngdào	听到	들었다	55
tīngshuō	听说	동 듣자(하)니, 듣건대	41
tǐng	挺	부 매우, 대단히	73
Tiān'ānmén	天安门	명 천안문	112
Tiānjīn	天津	명 톈진	12
tiānmāo	天猫	명 T-mall(중국 전자상거래 업체)	166
tiānjiǔ	添酒	동 첨잔하다	27
tián	甜	형 달다, 달콤하다	13
tiándiǎn	甜点	명 디저트	30
tiàowǔ	跳舞	동 춤추다	73
tiē	贴	동 붙이다	72
tóu shang	头上	머리 위	69
tǔlóu	土楼	명 토루	111
tuánjù	团聚	동 한 자리에 모이다, 한데 모이다	111
tuījiàn	推荐	동 추천하다	13
tuìxué	退学	동 퇴학하다, 학교를 그만두다	83

W

wān	弯	형 구불구불하다	115
wánr	玩儿	동 놀다	152
wǎn	晚	형 늦다	73
wǎndiǎn	晚点	동 늦다, 연착하다	139
Wànlǐ chángchéng	万里长城	명 만리장성	143
wànshìrúyì	万事如意	성 모든 일이 뜻대로 이루어지다	70
Wángfǔjǐng	王府井	명 왕푸징	72
wǎngmín	网民	명 인터넷 가입자, 네티즌	166
wǎngzhàn	网站	명 (인터넷) 웹 사이트	166
Wàitān	外滩	명 (상하이) 와이탄	129
wēixiǎn	危险	형 위험하다	138
wéijīn	围巾	명 목도리, 스카프	70
wéizhǔ	为主	동 ~을 위주로 하다	58
wèi	位	양 분	82
wèidao	味道	명 맛	19
wénhuà	文化	명 문화	58
wénxué	文学	명 문학	98
wèntí	问题	명 문제	41
wūzi	屋子	명 방	61
wǔdǎ	武打	명 격투, 무술	97
wǔdǎpiàn	武打片	명 무술 영화, 쿵푸 영화	103
wǔjiào	午觉	명 낮잠	45
wǔliángyè	五粮液	명 우량예	26
wǔshuì	午睡	명 낮잠	143
wùměijiàlián	物美价廉	성 상품의 질이 좋고 값도 저렴하다	84

X

Xī'ān	西安	명 시안	156
xīfāng	西方	명 서양	115
xīyī	西医	명 서양 의학	83
Xīyóujì	西游记	명 서유기	89
xīchénqì	吸尘器	명 진공청소기	159
xīyǐn	吸引	동 끌어당기다, 매료시키다	153
xíguàn	习惯	명 습관, 풍습, 관습	27
xǐ	洗	동 씻다, 빨다	54
xǐzǎo	洗澡	동 목욕하다	170
xǐjiǔ	喜酒	명 결혼 축하주	72
xǐqìyángyáng	喜气洋洋	성 기쁨이 넘치다	69
xǐtáng	喜糖	명 결혼 축하 사탕	72
xiàbān	下班	동 퇴근하다	125
xiàcì	下次	명 다음 번	152
xiàyǔ	下雨	동 비가 오다	101
xiàzǎi	下载	동 다운로드하다	125
Xiàwēiyí	夏威夷	명 하와이	75
xián	咸	형 짜다	13
xiándàn	咸淡	명 짜고 싱거움, 간	128
xiànzài	现在	명 지금, 현재	40
xiǎngxiàng	想象	동 상상하다	152
xiàng	像	동 닮다 부 마치	82
xiàng…yíyàng	像…一样	마치 ~처럼, ~와 같다	124
xiāohuà	消化	동 소화하다	142
xiāoxi	消息	명 소식	124
xiǎochī	小吃	명 간단한 음식, 가벼운 식사	12
xiǎoshí	小时	명 시간	114
xiǎoshuō	小说	명 소설, 소설책	83
xiǎotíqín	小提琴	명 바이올린	98
xiàoguī	校规	명 학칙, 학교의 규칙	140
Xīnjiāng	新疆	명 신장(웨이우얼 자치구)	12
xīnláng	新郎	명 신랑	69
xīnniáng	新娘	명 신부	69
xíngchéng	形成	동 형성되다, 이루어지다	110
xìnggé	性格	명 성격	96
xūyào	需要	동 필요하다, 요구되다	139
xuǎn	选	동 고르다, 선택하다	138
xuǎnzé	选择	동 선택하다, 고르다	41
xué	学	동 배우다, 학습하다	58

Y

yālì	压力	명 스트레스, 압력	157
Yàyùnhuì	亚运会	명 아시안게임	44

Yánshì Dàxué	延世大学		연세대학교	47	**Z**			
yánzhòng	严重	형	심각하다	30	zěnme bàn	怎么办	어찌하나?, 어쩌냐?	41
yǎnyuán	演员	명	배우, 연기자	96	zēngzhǎng	增长	동 증가하다, 늘어나다	157
yǎnzòu	演奏	동	연주하다	59	zhǎi	窄	형 (폭이) 좁다	115
yángròuchuàn	羊肉串		양고기 꼬치	12	zhàn	站	동 서다, 바로 서다	125
yàngshì	样式	명	형식, 양식, 스타일	111	zhànzhēng	战争	명 전쟁	111
yàngzi	样子	명	모양, 형태	115	zhǎng	长	동 생기다	86
yáodòng	窑洞	명	토굴집	112	zháojí	着急	동 조급해하다, 마음을 졸이다	143
yē	耶	감	오~ 예!	167	zhǎo bu dào	找不到	찾을 수 없다	41
yèmāozi	夜猫子	명	올빼미, 올빼미족	73	zhào	兆	수 조	166
yèshì	夜市	명	야시장	117	zhàopiàn	照片	명 사진	111
yìbān	一般	형	보통이다, 일반적이다	26	zhe	着	조 ~하고 있다	69
yídìng	一定	부	꼭, 반드시	138	zhěnglǐ	整理	동 정리하다	61
yìjǔliǎngdé	一举两得		일거양득, 일석이조	124	zhènghǎo	正好	부 때 마침	125
yìliú	一流	명	일류	156	zhèngcè	政策	명 정책	54
yílùshùnfēng	一路顺风	성	가시는 길이 순조롭기를 바랍니다	73	zhèngzhì	政治	명 정치	54
yímiàn	一面	명	한 방면, 한 부분, 한 측면	55	zhèyàng	这样	이렇다, 이와 같다	97
yìzhí	一直	부	곧장, 계속	40	zhīshi	知识	명 지식	55
yīshēng	医生	명	의사	61	zhíyè	职业	명 직업	45
yīyuàn	医院	명	병원	156	zhíyuán	职员	명 직원	47
Yíhéyuán	颐和园	명	이화원	87	zhǐ	指	동 가리키다, 설명하다	54
yǐ…wéi…	以…为…		~을 ~으로 여기다	54	zhǐyào…, jiù…	只要…, 就…	~하기만 하면 곧 ~하다	138
yǐhòu	以后	명	이후, 금후	83	zhìliàng	质量	명 품질	173
yǐwéi	以为	동	여기다, 생각하다	86	Zhōngguó jié	中国结	명 중국 매듭	101
yì	亿	수	억	166	zhōngguótōng	中国通	명 중국 전문가	128
yīnwèi…, suǒ yǐ	因为…, 所以…	~하기 때문에, 그래서 ~하다	110	zhōngjiān	中间	명 중간, 중앙, 중심	110
yǐnjìn	引进	동	도입하다, 끌어들이다	153	zhōngyú	终于	부 마침내, 결국, 끝내	44
yǐnjiǔ	饮酒	동	술을 마시다, 음주하다	27	zhōumò	周末	명 주말	33
yǐngxiǎng	影响	명동	영향(을 주다)	41	zhǔyào	主要	명 주요한, 주된	153
yìngyòng	应用	동	응용	125	zhǔyì	主义	명 주의	82
yōuhuì	优惠	형	우대의, 특혜의	156	zhù	住	동 살다, 거주하다	111
yóuxì	游戏	명	게임	159	zhùzhái	住宅	명 주택	110
yǒude	有的	대	어떤 것, 어떤 사람	68	zhùzhòng	注重	동 중점을 두다	173
yǒudiǎnr	有点儿	부	조금, 약간(정도가 비교적 약함을 나타냄)	13	zhù	祝	동 기원하다, 축복하다	69
yǒumíng	有名	형	유명하다	12	zhùmíng	著名	동 저명하다, 유명하다	83
yǒu yìsi	有意思	형	재미있다, 흥미 있다	59	zhǔnzé	准则	명 준칙, 규범	54
yúkuài	愉快	형	기쁘다, 즐겁다	70	Zǐjìnchéng	紫禁城	명 자금성	112
yǔmáoqiú	羽毛球	명	배드민턴	89	zì	字	명 글자	72
yǔróngfú	羽绒服	명	다운 재킷	173	zìxíng	字形	명 자형, 글자 형태	110
yuánlái	原来	부	이전에, 원래, 알고 보니	83	zìyóuxíng	自由行	명 자유여행	124
yuánlóu	圆楼	명	둥근 모양의 층집	111	zìzhìqū	自治区	명 자치구	168
yuànzi	院子	명	뜰, 정원	110	zǒulù	走路	동 걷다	145
yuèqì	乐器	명	악기	103	zūnshǒu	遵守	동 (규정 등을) 준수하다, 지키다	138
yùnyòng	运用	동	운용하다, 활용하다	159	zuǒyòu	左右	명 가량, 쯤	114
					zuòfàn	做饭	동 밥을 하다	54
					zuòjiā	作家	명 작가	83
					zuòyè	作业	명 숙제, 과제	32

종이 오리기 공예

종이 오리기 공예(剪纸 jiǎnzhǐ)는 칼과 가위로 종이를 오려 여러 가지 형상이나 글자를 만들어 판화 같은 효과를 주는 예술을 말합니다. 예로부터 중국의 다양한 민족이 즐기는 전통이자 일상생활과 밀접하게 관련된 대중 예술로, 유네스코 인류무형문화유산에 등재되어 있습니다. 대개 붉은색 종이를 사용하여 만든 작품은 주로 벽, 창문, 기둥에 붙이며 이는 나쁜 기운을 물리치고 복을 기원하는 의미가 있습니다.

双喜 shuāngxǐ : '기쁜 일이 겹치거나 잇달아 일어난다'는 뜻

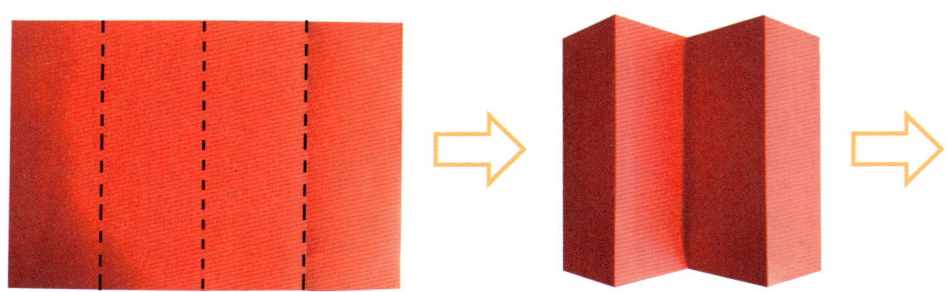

응용 작품

주로 식장을 장식하는데 쓰며, 이는 결혼을 축하하는 의미를 담고 있습니다.

당시(唐诗) 낭송하기

당나라는 중국 시가의 형식과 내용에 있어 최고의 절정기로, 일반 평민들도 시가를 즐겼으며, 이 시대 시인과 작품의 수는 타의 추종을 불허할 만큼 많습니다. 당나라의 대표 작가 이백과 두보의 시를 낭독해 봅시다.

静夜思 Jìngyèsī
李白 Lǐ Bái

床前明月光，Chuáng qián míng yuè guāng,
疑是地上霜。yí shì dì shàng shuāng.
举头望明月，Jǔ tóu wàng míng yuè,
低头思故乡。dī tóu sī gù xiāng.

정야사
침대 머리맡 밝은 달빛 비치니,
땅 위에 서리가 내린 줄 알았다.
고개 들어 밝은 달을 보다가,
고개 숙여 고향 생각하노라.

春望 ChūnWàng
杜甫 Dù Fǔ

国破山河在，城春草木深。
Guó pò shān hé zài, chéng chūn cǎo mù shēn.

感时花溅泪，恨别鸟惊心。
Gǎn shí huā jiàn lèi, hèn bié niǎo jīng xīn.

烽火连三月，家书抵万金。
Fēng huǒ lián sān yuè, jiā shū dǐ wàn jīn.

白头搔更短，浑欲不胜簪。
Bái tóu sāo gèng duǎn, hún yù bú shèng zān.

춘망
나라가 무너져도 산하는 그대로이고,
성에는 봄이라고 초목이 우거지네.
시국이 슬퍼 꽃을 보고 눈물 뿌리고,
이별이 아파 새 소리에 마음 놀라네.
봉화에 오른 불은 석 달이나 이어지니,
집에서 부친 글은 만금이나 나가네.
흰머리 긁어 보니 더욱 짧아지는 것이,
전혀 비녀를 꽂지도 못할 듯하네.

검보(脸谱) 만들기

경극의 얼굴 분장을 '脸谱 liǎnpǔ'라고 합니다. 검보의 색은 인물의 성격을 드러냅니다. 자신이 희망하는 이야기 속 인물의 가면을 만들어 봅시다.

붉은색	흰색	검정	노란색	푸른색
충성, 용기	악의, 간사	용맹, 지혜	흉악, 잔인	포악, 오만

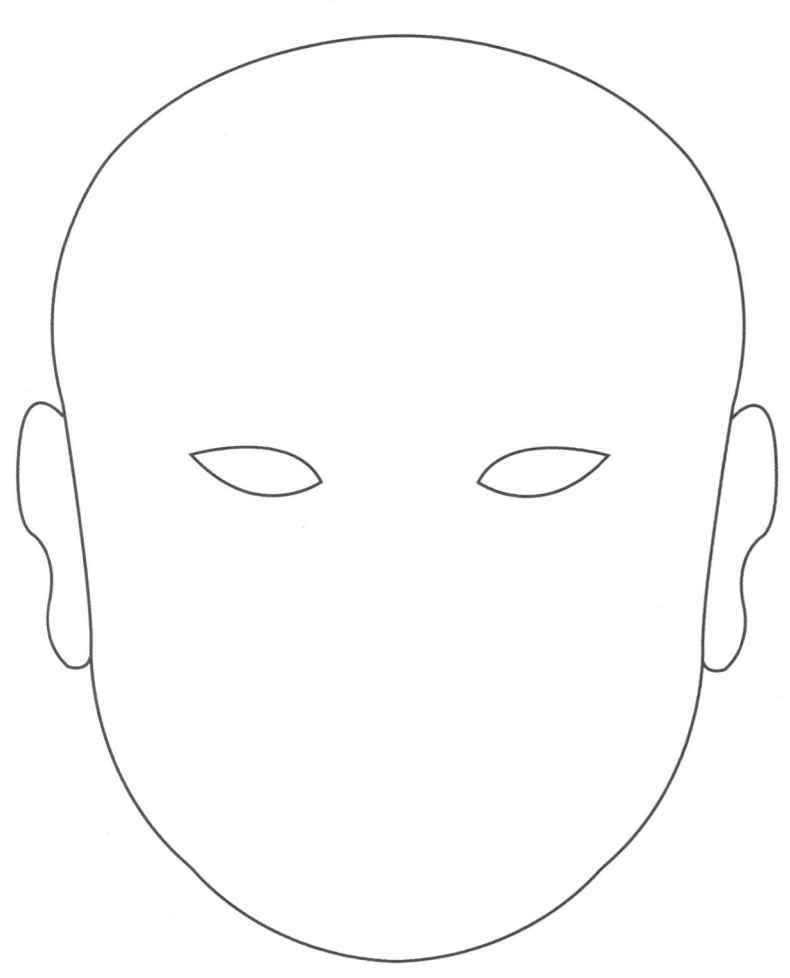

외국어 출판 40년의 신뢰
외국어 전문 출판 그룹
동양북스가 만드는 책은 다릅니다.

40년의 쉼 없는 노력과 도전으로 책 만들기에 최선을 다해온 동양북스는
오늘도 미래의 가치에 투자하고 있습니다.
대한민국의 내일을 생각하는 도전 정신과 믿음으로 최선을 다하겠습니다.

📖 동양북스 추천 교재

일본어 교재의 최강자, 동양북스 추천 교재

회화 코스북

일본어뱅크 다이스키
STEP 1·2·3·4·5·6·7·8

일본어뱅크
좋아요 일본어 1·2·3·4·5·6

일본어뱅크 도모다찌
STEP 1·2·3

분야서

일본어뱅크
좋아요 일본어 독해 STEP 1·2

일본어뱅크
일본어 작문 초급

일본어뱅크
사진과 함께하는
일본 문화

일본어뱅크
항공 서비스 일본어

가장 쉬운 독학
일본어 현지회화

수험서

   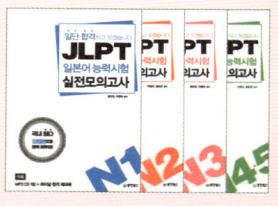

일취월장 JPT
독해·청해

일취월장 JPT
실전 모의고사 500·700

일단 합격하고 오겠습니다
JLPT 일본어능력시험
N1·N2·N3·N4·N5

일단 합격하고 오겠습니다
JLPT 일본어능력시험
실전모의고사 N1·N2·N3·N4/5

단어·한자

특허받은
일본어 한자 암기박사

일본어 상용한자 2136
이거 하나면 끝!

일본어뱅크
좋아요 일본어 한자

가장 쉬운 독학
일본어 단어장

일단 합격하고 오겠습니다
JLPT 일본어능력시험
단어장 N1·N2·N3

중국어 교재의 최강자, 동양북스 추천 교재

중국어뱅크 북경대학 신한어구어
1·2·3·4·5·6

중국어뱅크 스마트중국어
STEP 1·2·3·4

중국어뱅크 집중중국어
STEP 1·2·3·4

중국어뱅크
뉴! 버전업 사진으로
보고 배우는 중국문화

중국어뱅크
문화중국어 1·2

중국어뱅크
관광 중국어 1·2

중국어뱅크
여행실무 중국어

중국어뱅크
호텔 중국어

중국어뱅크
판매 중국어

중국어뱅크
항공 실무 중국어

정반합 新HSK
1급·2급·3급·4급·5급·6급

일단 합격 新HSK 한 권이면 끝
3급·4급·5급·6급

버전업! 新HSK
VOCA 5급·6급

가장 쉬운 독학
중국어 단어장

중국어뱅크
중국어 간체자 1000

특허받은
중국어 한자 암기박사

동양북스 추천 교재

기타외국어 교재의 최강자, 동양북스 추천 교재

중고급 학습

첫걸음 끝내고 보는 프랑스어 중고급의 모든 것 | 첫걸음 끝내고 보는 스페인어 중고급의 모든 것 | 첫걸음 끝내고 보는 독일어 중고급의 모든 것 | 첫걸음 끝내고 보는 태국어 중고급의 모든 것 | 첫걸음 끝내고 보는 베트남어 중고급의 모든 것

단어장

  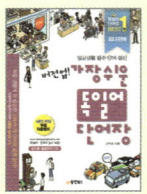 

버전업! 가장 쉬운 프랑스어 단어장 | 버전업! 가장 쉬운 스페인어 단어장 | 버전업! 가장 쉬운 독일어 단어장 | 가장 쉬운 독학 베트남어 단어장

여행 회화

NEW 후다닥 여행 중국어 | NEW 후다닥 여행 일본어 | NEW 후다닥 여행 영어 | NEW 후다닥 여행 독일어 | NEW 후다닥 여행 프랑스어 | NEW 후다닥 여행 스페인어 | NEW 후다닥 여행 베트남어 | NEW 후다닥 여행 태국어

수험서·교재

한 권으로 끝내는 DELE 어휘·쓰기·관용구편 (B2~C1) | 수능 기초 베트남어 한 권이면 끝! | 버전업! 스마트 프랑스어 | 일단 합격하고 오겠습니다 독일어능력시험 A1·A2·B1·B2